Brésil

Histoire Société Culture

Responsabilité éditoriale : Élisabeth Lau

Dans la même collection

Argentine ***Histoire Société Culture,*** Ludovic Lamant
Australie ***Histoire Société Culture,*** Maïa Ponsonnet avec Pierre Grundmann
Cuba ***Histoire Société Culture,*** Sara Roumette
Égypte ***Histoire Société Culture,*** Joseph Confavreux et Alexandra Romano
Espagne ***Histoire Société Culture,*** Bartolomé Bennassar et Bernard Bessière
Inde ***Histoire Société Culture,*** Pauline Garaude
Indonésie ***Histoire Société Culture,*** Solenn Honorine
Irlande ***Histoire Société Culture,*** Maurice Goldring et Clíona Ní Ríordáin
Italie ***Histoire Société Culture,*** Olivier Doubre et Jean-Claude Renard
Maroc ***Histoire Société Culture,*** Ignace Dalle
Mexique ***Histoire Société Culture,*** Marc Fernandez et Jean-Christophe Rampal
Thaïlande ***Histoire Société Culture,*** Arnaud Dubus

Lamia Oualalou

Brésil

Histoire Société Culture

Nouvelle édition mise à jour

La Découverte
9 *bis*, rue Abel-Hovelacque
75013 Paris

Si vous désirez être tenu régulièrement informé de nos parutions, il vous suffit de vous abonner gratuitement à notre lettre d'information bimensuelle par courriel, à partir de notre site **www.editionsladecouverte.fr**, où vous retrouverez l'ensemble de notre catalogue.

ISBN 978-2-7071-7851-0

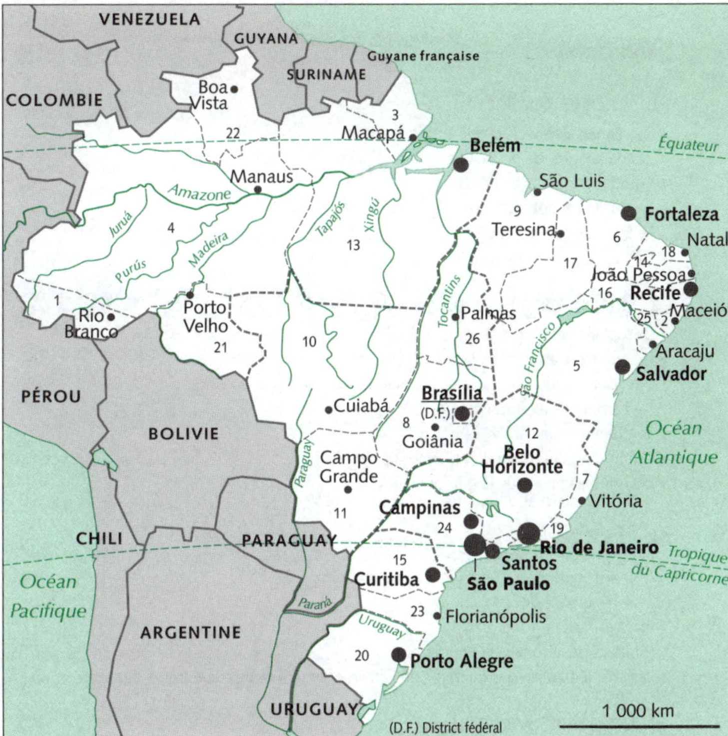

États

1. Acre
2. Alagoas
3. Amapá
4. Amazonas
5. Bahia
6. Ceará
7. Espírito Santo
8. Goiás
9. Maranhão
10. Mato Grosso
11. Mato Grosso do Sul
12. Minas Gerais
13. Pará
14. Paraíba
15. Paraná
16. Pernambuco
17. Piauí
18. Rio Grande do Norte
19. Rio de Janeiro
20. Rio Grande do Sul
21. Rondônia
22. Roraima
23. Sta Catarina
24. São Paulo
25. Sergipe
26. Tocantins

République fédérative du Brésil

Capitale : Brasília.

Superficie : 8 547 400 km^2.

Population : 201 millions (en 2013).

Langue majoritaire : portugais du Brésil.

Monnaie : real (1 real = 0,31 € au 1er janvier 2014).

Nature de l'État : république fédérale (26 États et le district fédéral de Brasília).

Nature du régime : démocratie présidentielle.

Chef de l'État : Dilma Rousseff, présidente de la République (depuis le 1er janvier 2011).

Principaux partis politiques : Parti des travailleurs (PT); Parti du mouvement démocratique brésilien (PMDB); Parti de la social-démocratie brésilienne (PSDB); Démocrates (DEM, ex-PFL); Parti socialiste brésilien (PSB); Parti social démocratique (PSD); Parti socialisme et liberté (PSOL).

Approche

Le Brésil, « terre d'avenir ». L'expression, de Stefan Zweig, embrasse parfaitement la réalité d'un pays qui a toujours cru en son potentiel, malgré les difficultés, les inégalités, et en a toujours donné la sensation aux visiteurs. Ce qui frappe quand on met le pied au Brésil, c'est l'espace, la démesure, des milliers de tours de São Paulo, la mégalopole aux 20 millions d'âmes, à l'Amazonie, qui pourrait englober l'Europe tout entière, en passant par les terres agricoles aux millions d'hectares et les étendues de brousse semi-aride du sertão. Les Brésiliens apprennent dès la petite enfance, à travers leur hymne national, que l'immensité fait partie de leur ADN : « Géant par ta propre nature, tu es beau, tu es fort, colosse impavide, ton avenir reflète cette grandeur », chantent-ils, la main sur le cœur. Au Brésil, au contraire des voisins latino-américains, le territoire précède la nation. C'est l'héritier de la Couronne portugaise qui déclara l'indépendance en 1822.

Cette gigantesque unité naturelle se transforme à toute vitesse, donnant tout son sens à l'expression de « pays neuf ». On continue à y planifier de nouvelles villes, dont on visite quelques années plus tard les monuments devenus « historiques ». Au cœur du Minas Gerais, Belo Horizonte, la cinquième ville du pays, a cent ans. Brasília, dessinée par Oscar

Niemeyer et Lucio Costa, vient tout juste de souffler ses cinquante bougies, mais plus aucune ville ne lui dispute le titre de capitale, statut qui revenait précédemment à Salvador de Bahia puis à Rio de Janeiro.

La migration du centre de gravité est d'ailleurs l'une des caractéristiques de l'histoire brésilienne. Une série de cycles économiques ont, tour à tour, déplacé le cœur du pays dans différentes régions : le sucre dans le Nordeste, l'or dans le Minas Gerais, le café dans le Sud-Est, le caoutchouc en Amazonie. À chaque fois, la ruée permet de tracer de nouvelles routes, de construire tunnels et ponts. Leurs empreintes sont encore visibles. Ils laissent dans leur sillage des régions tombées dans l'oubli, des centres-villes peuplés de palais décadents et dévorés par le chômage, quand d'autres régions continuent à attirer les capitaux, le pouvoir et les talents.

Bien sûr, cette géographie n'est pas le fruit des seuls cycles économiques. Elle doit beaucoup au volontarisme politique de certains gouvernants – Getúlio Vargas dans les années 1940-1950, Juscelino Kubitschek dans les années 1960 et la junte militaire dans les années 1970. Elle résulte surtout de l'esprit pionner des Brésiliens. Des *bandeirantes*, mercenaires portugais qui lançaient des expéditions vers l'intérieur pour capturer des Indiens promis à l'esclavage, aux Nordestins qui continuent aujourd'hui, certes à un rythme moindre, à affluer vers les grandes villes, les Brésiliens sont des centaines de milliers, chaque année, à changer d'État. Ce mouvement permanent a permis au pays de s'adapter à l'explosion démographique : au cours du dernier siècle, la population a été multipliée par dix, passant de 17 millions en 1900 à près de 170 millions en 2000 !

L'harmonie n'est pourtant qu'apparente. Comme dans le reste du continent, l'époque coloniale a laissé un héritage marqué par les inégalités sociales. Une poignée de puissants continue de concentrer les terres, l'accès à la santé et à l'éducation, les passe-droits face à l'administration et à la justice.

Pour des dizaines de millions de Brésiliens, le quotidien reste une lutte pour la survie face à un système qui peine à considérer cette multitude comme des citoyens.

Le poids de l'esclavage est très net. Aboli tardivement – en 1888 –, il a débouché sur une société à deux vitesses, dans laquelle un jeune Noir a plus de « chance » de finir en prison que d'entrer à l'université. Le prix à payer de cet apartheid qui ne dit pas son nom est une violence incompréhensible dans un pays d'abord si chaleureux. Chaque année, 50 000 Brésiliens sont assassinés, une statistique digne d'un pays en guerre. Dans les villes, elle prend le visage de batailles entre gangs de la drogue et celui de la violence policière. À la campagne, ce sont les *fazendeiros*, les grands propriétaires, qui envoient des tueurs à gages réduire au silence des tribus indiennes, des leaders syndicaux ou des religieux sensibles à la cause des paysans sans terre.

L'exclusion structure le Brésil. Mais elle n'est pas une fatalité. Le surgissement d'une société industrielle a bousculé l'ordre établi. L'usine peut permettre l'ascension sociale. Le principal symbole de cette métamorphose est bien sûr l'élection, en octobre 2002, de l'ancien ouvrier métallurgique Luiz Inácio Lula da Silva.

Né dans le Nordeste misérable, il a connu la faim et la mort de ses proches avant de se hisser à la tête de l'État. En deux mandats, Lula n'a pas fait la révolution, et trop peu inquiété les puissants, au goût des militants. Mais son élection a sonné aux yeux de millions de Brésiliens la fin de la culture de la servitude. La société civile, qui a longtemps constitué le seul soutien des plus défavorisés et même de la classe moyenne au temps de la dictature, trouve pour la première fois des relais au sein de l'État. Que ce soit au niveau fédéral, régional ou municipal, les « colonels », qui dictaient il y a quelques années à peine les votes à leurs électeurs, en échange de la délivrance d'un droit, maquillé en faveur, ont de plus en plus de mal à s'imposer.

Dans un pays de tradition machiste où, jusqu'en 2006, il était possible d'assassiner sa femme soupçonnée d'adultère sans avoir maille à partir avec la justice, au nom des crimes d'honneur, l'élection de Dilma Rousseff, en octobre 2010, constitue une autre révolution. D'autant qu'avec cette ancienne guérillera, qui a passé trois ans en prison et souffert maintes tortures pour avoir affronté la dictature au début des années 1970, pour la première fois, les Brésiliens commencent à se pencher sur leur histoire, et sur leurs blessures.

Le Brésil contemple désormais le monde sans complexe : ses multinationales n'ont rien à envier à leurs concurrentes d'Europe et des États-Unis, et ses soldats luttent pour préserver la paix en Haïti, sous la bannière de l'Organisation des Nations unies. Dans un même mouvement, les Brésiliens lèvent la tête et s'affirment contre leurs élites. Mais la bataille, feutrée comme tout ce qui est remise en cause de l'ordre politique et social dans ce pays, est longue et difficile.

Parfois, entre l'espoir d'avancées et le découragement face à l'injustice permanente, on peine à s'y retrouver. Le grand musicien Tom Jobim, l'un des pères de la bossa-nova, nous avait prévenus : « Le Brésil n'est pas un pays pour débutants. »

1 Un pays continent

TERRITOIRE
SÃO PAULO
RIO DE JANEIRO
BRASÍLIA
NORDESTE
SUD
AMAZONIE

Parler du Brésil, c'est évoquer une évidente immensité. Avec plus de 8,5 millions de km^2, le Brésil est ainsi le cinquième pays au monde – après la Russie, le Canada, les États-Unis et la Chine. Pour aller de la ville de Chui, à l'extrême sud, à la frontière avec l'Uruguay, à l'Oyapoque, à la lisière de la Guyane française, vous parcourez 6 165 km, l'équivalent de Lisbonne-Bakou…

Le géographe Hervé Théry donne une bonne idée de l'étendue du territoire en le « plaquant » sur le continent européen : si le nord du Brésil était placé sur la Scandinavie, son extrémité méridionale se situerait au Tchad. D'ouest en est, il s'étendrait de l'Islande à la mer Noire.

En l'absence de relief prononcé, le même paysage semble s'étendre à perte de vue. Il faut rouler des kilomètres pour briser la monotonie. Des beautés du littoral à l'Amazonie, la sensation qui domine est celle d'une nature toute-puissante, prête à prendre sa revanche pour peu que l'homme baisse la garde. Au cœur des grandes villes, il n'est pas rare de voir pousser des orchidées au troisième étage d'un immeuble, de croiser des singes en centre-ville ou un serpent dans sa baignoire. En arrivant au Brésil en 1949, Albert Camus en est presque effrayé : « La nature mangera un jour les fragiles décors surélevés dont l'homme essaie de s'entourer. Les termites vont dévorer les gratte-ciel, tôt ou tard, les lianes vierges bloqueront les autres et la vérité du Brésil éclatera enfin », écrit-il à René Char.

L'immensité est un pilier de l'imaginaire brésilien. À l'époque de la colonisation, les Portugais, même peu nombreux, se distinguent par leur mobilité. Ils habitent le littoral, mais s'enfoncent dans les terres dès que possible, à cheval ou en empruntant les cours fluviaux, à l'exemple des Indiens. Le modèle de colonisation n'y est pas étranger : en décidant de découper le pays en parcelles cédées aux intérêts privés, la Couronne incite les conquérants à s'accaparer le plus de richesses, le plus de terres possible. C'est l'esprit qu'incarnent les *bandeirantes*, explorateurs spécialisés dans la traite d'esclaves indiens. Ces aventuriers lancent des expéditions vers l'intérieur, pour capturer des Indiens, ou pour fouiller les entrailles de la terre en quête d'or.

Par la suite, la colonisation se fait au rythme des cycles de production. Dès le début du XVIe siècle, le bois de braise (*pau brasil*) pousse les colons à se fixer dans les forêts du littoral atlantique. Mais c'est surtout la canne à sucre, dans le Nordeste, où est implantée la première capitale, Salvador de Bahia, qui valorise le pays aux yeux de ses occupants. Au milieu du XVIIe siècle, le Brésil est devenu le premier producteur mondial de sucre. La découverte, au début du XVIIIe siècle, des mines d'or bouleverse la géographie, réorientant les axes de circulation vers le Minas Gerais, et de là vers Rio de Janeiro, promu point d'arrivée des caravanes et port de débarquement des esclaves. Plus tard, c'est au café de faire sortir São Paulo de sa somnolence, le consacrant centre économique du pays. Introduit au XVIIIe siècle, le breuvage domine l'économie pendant près de deux cents ans. Parallèlement, le caoutchouc connaît un cycle plus court. Il parviendra à son apogée en 1910, quand le Brésil produit 80 % du caoutchouc mondial, et donne naissance à une capitale rococo, Manaus, au milieu de l'Amazonie.

Bien sûr, la succession de ces cycles est moins caricaturale que ne l'enseignent les manuels. Certains se sont chevauchés, d'autres ont connu des résurrections éphémères. Tous ont été doublés de cycles dits « secondaires », moins importants à l'échelle nationale, mais décisifs au niveau local, comme le tabac, le coton ou le cacao. Ces vagues de production, et les déplacements des emplois liés, ont contribué à faire de la mobilité un trait de la mentalité brésilienne, encore accentué par l'arrivée d'immigrés d'Europe, d'Asie et du Moyen-Orient – sans compter celle, contrainte, des esclaves d'Afrique.

Politiquement, la conquête d'espaces réputés « vides » est aussi une fuite en avant. Face aux tensions sociales, on feint d'y voir le remède aux problèmes que la société refuse de résoudre, notamment celui du partage de la terre. Pourquoi limiter l'extension des *fazendas* de centaines de milliers de kilomètres quand on a tant d'espace à portée de main ?

Le nomadisme est aussi à l'origine d'une urbanisation très lente : à peine installés, les colons repartent. Alors que dans l'Amérique espagnole les conquistadors donnent, dès le XVIe siècle, des jumelles à leurs cités d'origine (Santiago, Valencia, Cordoba, Pamplona, etc.), ce n'est qu'à partir de la seconde moitié du XVIIIe siècle que se met en place un réseau de villes au Brésil. Trois métropoles se détachent : São Paulo et Rio de Janeiro – dont l'axe concentre l'essentiel des richesses –, et Brasília, capitale utopique née au milieu de nulle part, à la fin des années 1950.

Bien qu'il ait glissé dans la léthargie, le Nordeste, ancien centre du Brésil, continue de fasciner, notamment par sa richesse culturelle. À l'autre extrémité, le Sud revendique ses racines européennes et sa proximité avec les voisins argentin et uruguayen. La grande originalité du pays reste toutefois la présence de régions pionnières, le Grand Ouest et l'Amazonie, encore peu exploitées.

São Paulo, « New York des Tropiques »

C'est la métropole des superlatifs : la plus grande, la plus peuplée, la plus dynamique, la plus cosmopolite, la plus injuste aussi. São Paulo rebute par ses embouteillages, le gris du ciel et du béton et les distances absurdes qu'il faut parcourir pour se rendre au travail ou simplement boire un verre. Mais la « New York des Tropiques » s'apprivoise. Le bruit, la vitesse et la violence s'effacent derrière la sensation que São Paulo est la ville de tous les possibles. Débarqué en 1924, Blaise Cendrars ne tarde pas à succomber au charme du centre économique et intellectuel du pays : « Saint-Paul/J'adore cette ville/Saint-Paul selon mon cœur/Ici nulle tradition/Aucun préjugé/Ni ancien ni moderne. »

Plongé dans ce monstre urbain, on peine à imaginer le bourg champêtre du milieu du XIXe siècle, à peine plus développé qu'en 1554, quand les pères jésuites Manuel da Nobrega et José de Anchieta escaladent la Serra do Mar pour y fonder le collège São Paulo de Piratininga. Par la suite, les *bandeirantes* transforment la mission religieuse en point de départ stratégique, vers le Minas Gerais, Goiás ou le Mato Grosso. En 1871, alors que Rio de Janeiro rassemble 275000 habitants, São Paulo n'en compte que 26000. Il faut attendre les dernières années de l'empire pour que sa localisation géographique et le réseau ferroviaire qui la relie à Santos en fassent le centre commercial du pays.

Depuis cette date, c'est l'explosion : de 240000 habitants en 1900, sa population est passée à 528000 en 1918, à 1 million en 1935. Aujourd'hui, les *Paulistanos* sont plus de 11 millions, 20 millions en comptant la proche banlieue. En cent cinquante ans, la population a été multipliée par mille, grossie par le flux d'immigrés étrangers, italiens en majorité, et de l'intérieur, en particulier du Nordeste. Dans les années 1970, la ville doit absorber plus de 300000 nouveaux venus par an, attirés par les hauts salaires et les perspectives d'emploi.

São Paulo devient furieusement cosmopolite, juxtaposant quartiers juif, italien, japonais, chinois et bolivien. Sa gastronomie, hier fruste et paysanne, devient l'une des plus créatives du pays, tout comme l'expression artistique. Les peintres, tel Tarsila de Amaral, revendiquent un art « anthropophage », digne d'une ville capable de digérer toutes les influences. Les poètes réinventent la langue. São Paulo devient Paulicéia dans les vers de Mário de Andrade, qui titre un de ses recueils *Paulicéia desvairada* (« São Paulo frénétique »).

Les années 1930 voient aussi naître l'université de São Paulo, l'USP, un établissement public qui s'impose comme la meilleure université sud-américaine. Claude Lévi-Strauss y fait ses armes, rejoignant le petit noyau de Français déjà constitué par l'historien Fernand Braudel, le géographe Pierre Monbeig et le sociologue Roger Bastide. Les gratte-ciel du centre sont à peine construits que les plus riches leur tournent le dos pour peupler une nouvelle artère, l'avenida Paulista, et plus encore, vers le sud-ouest, le quartier de Faria Lima. C'est ici que les élites les plus fortunées s'installent et travaillent. D'abord, les *quatrocentões*, les familles vieilles de quatre cents ans, qui ont fait fortune dans le café, puis les immigrés venus d'Europe et du Moyen-Orient.

Les capitaux de l'élite ne font pas tout : avec l'industrialisation, São Paulo devient une ville ouvrière. Repoussées par la spéculation immobilière, les habitations s'étalent le long des rives des fleuves Tieté et Tamanduate. Ainsi naissent les quartiers de Brás, Moóca, Bom Retiro ou Agua Branca. Le portugais y côtoie différents dialectes étrangers, italiens le plus souvent. En 1920, plus de la moitié des ouvriers sont des étrangers qui, avec leur force de travail, ont apporté leur combativité.

Communistes et anarchistes européens protestent contre les conditions de travail et les bas salaires, et prêchent la lutte des classes dans les usines. Le 1er mai 1907, São Paulo est paralysé par une grève générale. Le gouvernement y répond par

Francesco Matarazzo, « prince de São Paulo »

Lorsqu'en 1881 il met pied à terre, dans le port de Santos, Francesco Matarazzo est un homme ruiné. À vingt-sept ans, il a quitté sa Calabre natale pour tenter de se faire négociant aux Amériques, mais il a perdu toute sa marchandise durant le trajet. Retrouvant des compatriotes à Sorocoba, petite ville commerçante de l'intérieur de l'État de São Paulo, il commence à vendre du lard. À l'époque, le Brésil importe tous les produits alimentaires qu'il consomme. À Sorocoba, puis à São Paulo, l'Italien innove. Mieux conditionnés, ses produits se conservent plus longtemps et séduisent la clientèle.

La stratégie de Francesco Matarazzo est, dès les premiers temps, celle d'une intégration verticale. Il investit dans une usine textile pour fabriquer ses emballages ; devenu importateur de blé, il achète des bateaux, ainsi que des docks. À la fin du XIXe siècle, la Companhia Matarazzo SA est déjà une belle affaire. En 1925, c'est un empire : la société anonyme dont lui et ses proches contrôlent la majorité des actions est présente dans le transport, la chimie, la métallurgie, l'emballage et l'assurance. La légende veut qu'il ait alors possédé 365 entreprises, une pour chaque jour de l'année.

N'oubliant pas ses origines, Francesco Matarazzo ouvre ses portes aux employés d'origine calabraise, et envoie de l'argent au pays pendant la Première Guerre mondiale. Pour le remercier de ses largesses, le roi Victor-Emmanuel III le fait comte. En 1928, il contribue à la création du Centre des industries de São Paulo, l'ancêtre de la puissante confédération patronale FIESP (Fédération des industries de l'État de São Paulo), et en devient le premier président.

Dans les années 1930, Matarazzo est devenu le « prince de São Paulo ». Il incarne l'immigré-entrepreneur dont l'ambition a contribué à l'industrialisation du pays. L'histoire du groupe Matarazzo est également typique du capitalisme brésilien, trop dépendant de la personnalité de figures clés. À la mort du patriarche en 1937, le groupe a continué à prospérer sous la tutelle de son fils, Francesco Matarazzo J^r^. La génération suivante s'est en revanche révélée désastreuse. L'entreprise a disparu dans les années 1980, criblée de dettes, sous le poids des dissensions familiales.

une violente répression et l'adoption de la loi Adolfo Gordo, permettant d'expulser les étrangers « menaçant la sécurité nationale et la tranquillité publique ». En 1917, les conflits sociaux durent tout l'hiver austral. Les quartiers populaires se muent en tranchées, prêtes à résister armes à la main contre l'assaut de la police et de la marine appelée en renfort.

Parallèlement aux quartiers ouvriers, on voit naître partout des lotissements clandestins, construits de bric et de broc selon les besoins de la famille et les rentrées d'argent, le plus proche possible des sources d'emploi. Même si la cartographie officielle tait leur existence, plus de 2000 favelas sont incrustées dans les quelque 8 000 km² de la ville, à deux pas des quartiers chics. La Sala São Paulo, l'une des plus belles enceintes de concert au monde, n'est qu'à un pâté de maisons d'un entrelacs de ruelles surnommé « Cracolândia » (« paradis du crack »)...

Le centre économique du Brésil est aussi le miroir de ses problèmes. Le plus récent d'entre eux est le trop-plein d'automobiles, qui congestionne les transports et provoque des pics de pollution. Depuis la fin des années 1990, avec la croissance économique, le parc automobile de la ville a augmenté de 25 %, l'infrastructure routière, de seulement 6 %. Un engorgement qui menace de faire fuir entreprises et habitants. Paradoxalement, c'est la paralysie qui guette la « ville qui ne s'arrête jamais ».

Rio de Janeiro, de la décadence à la renaissance

On voudrait être aux côtés de Stefan Zweig, ce matin de 1940. Il quitte sa cabine pour assister à l'entrée du navire dans la rade de Rio de Janeiro. Dans son récit, *Le Brésil, terre d'avenir*, il décrit d'abord les parfums, l'air « plus suave et plus doux », puis, au loin, une chaîne de montagnes, embrassant la baie de Guanabara, « un coquillage géant, qu'on a brisé et dont les perles ont été jetées pêle-mêle sur la mer », et enfin, après s'être frayé un chemin entre les îles, la ville : « Pas tout à coup, comme à Naples, Alger ou Marseille, où le panorama s'ouvre subitement comme une arène avec ses gradins de maisons; Rio effeuille comme un éventail une image après l'autre, une vue après l'autre, et c'est ce qui rend son abord si dramatique et si surprenant. » Copacabana, Botafogo, Flamengo, le spectacle se poursuit jusqu'à l'arrivée au port : « C'est l'Amérique du Sud, c'est le Brésil, c'est la plus belle ville du monde. »

D'ordinaire peu lyrique, l'écrivain autrichien succombe au charme de celle dont la beauté lui a très tôt valu le surnom de « *cidade maravilhosa* », la ville merveilleuse. Le site, qui juxtapose la mer, les *morros*, ces collines en arrière-plan, la Tijuca, la plus grande forêt urbaine au monde, est splendide.

L'arrivée de la Cour royale portugaise, en 1808, lui donne ses véritables lettres de noblesse. Capitale du Brésil depuis 1763, Rio de Janeiro devient le centre de l'empire. Y surgissent alors des palais, les résidences des familles ayant fait fortune notamment dans la traite d'esclave, une bibliothèque royale, une académie des arts, un théâtre, un jardin botanique, etc. Le port de la ville est le point de débarquement des esclaves et d'embarquement de l'or vers la métropole.

La population explose : en 1890, on compte plus de 500 000 *Cariocas*. Ils seraient plus nombreux si des épidémies de fièvre jaune, malaria, tuberculose, choléra et variole ne venaient pas régulièrement en décimer des milliers. L'été, saison de tous les dangers, l'empereur et sa cour se réfugient sur les hauteurs, dans la petite ville de Petropolis.

Au début du XXe siècle, le maire Pereira Passos a carte blanche pour transformer Rio de Janeiro en « Paris des Tropiques ». Des avenues sont percées sur le modèle haussmannien, des places et des jardins publics voient le jour, et le creusement du tunnel de Leme permet d'en finir enfin avec l'isolement de Copacabana du reste de la ville. C'est aussi la période des grandes campagnes en faveur de l'hygiène, sous l'autorité du médecin Oswaldo Cruz, directeur de la Santé publique.

Mais la rénovation accentue les particularités géographiques d'un littoral qui laisse peu de place aux habitations.

Copacabana affiche l'une des densités les plus élevées au monde (30000 hab./km^2), au cœur de la « zone Sud » qui regroupe les quartiers du front de mer – Leblon, Ipanema, Copacabana, Botafogo, Flamengo – et ceux de l'intérieur, jusqu'au centre – Laranjeiras, Catete, Gloria, etc.

Les pauvres sont progressivement repoussés. Ils gagnent les collines, les dépouillent de leur végétation pour construire des favelas, ou migrent vers la « zone Nord », et plus récemment la «zone Ouest», dont l'extension géographique n'est limitée ni par la mer, ni par la forêt. Ces quartiers industriels et prolétaires ne figurent pas dans la collection de cartes postales *cariocas*. Abandonnés par l'État, ils sont victimes d'un urbanisme chaotique, souvent sans accès aux services publics de base, et en butte à la violence.

En ce début du XXIe siècle, la « Ville merveilleuse » semble avoir tout perdu. En 1960, Brasília lui vole son statut de capitale. En 1964, la dictature terrorise ses étudiants, muselle ses artistes, et exile ses militants politiques. Le repli de l'État, dans les années 1980, précipite le déclin de l'industrie, et le secteur financier migre vers São Paulo. Les élus rivalisent de clientélisme et d'incompétence. Le territoire est dépecé entre factions du narcotrafic, policiers véreux et milices paramilitaires. La violence est hors de contrôle : avec 57 assassinats pour 100 000 habitants, Rio est en 2000 la sixième ville la plus dangereuse du pays.

Le tournant, aux yeux du monde, a lieu le 2 octobre 2009. Sur la plage de Copacabana, les Cariocas passent du rire aux larmes à l'annonce du choix de leur ville pour les jeux Olympiques de 2016. Grâce à un accord politique entre les trois niveaux de l'État (fédéral, régional et municipal), inédit depuis trois décennies, les programmes sociaux et les investissements publics portent leurs fruits. Se met également en place une nouvelle politique de sécurité, qui crée des « unités de police pacificatrice » dans des favelas jusqu'alors contrôlées par des trafiquants. Les jeux Olympiques et la Coupe du monde de football de 2014 sont prétextes à de grands travaux qui font renaître le centre-ville. Des scandales accompagnent ces changements, entre corruption, spéculation immobilière et expulsion de populations pauvres, mais pour tous, c'est désormais acquis : Rio de Janeiro renaît de ses cendres.

Brasília : utopie urbaine

C'est un spectacle fugace et magique dont on ne se lasse pas. À la nuit tombée, la lune semble comme prête à tomber dans l'une des deux coupoles du Congrès dessiné par Oscar Niemeyer au cœur de Brasília. Un instant de poésie comme la capitale parvient encore à en offrir, près de cinquante ans après sa création.

Rêvée dans les années 1950 par Juscelino Kubitschek, le chef d'État volontariste qui voulait faire avancer le Brésil de cinquante ans en cinq ans, Brasília est un miracle. Née au milieu de nulle part, à 1 000 km à l'intérieur des terres, au centre d'étendues désertiques, elle est le symbole d'un pays qui parviendrait enfin à concilier le littoral peuplé avec les grands espaces vides de l'Ouest. Pour donner naissance à cette utopie urbaine, Kubitschek fait appel à deux génies, l'urbaniste Lucio Costa et l'architecte Oscar Niemeyer.

Le premier dessine le profil de la ville idéale, organisée pour vivre, travailler et se divertir autour d'un « plan pilote » semblable au fuselage d'un avion avec deux ailes, des autoroutes reliant les deux côtés (Nord et Sud), découpés en grands carrés arborés, les *quadras*, où se concentrent les immeubles résidentiels. Les autres activités (banques, pharmacies, bars, hôtels, supermarchés) ont chacune leur place dans la ville.

Brasília s'articule aussi autour de constructions majeures conçues par Niemeyer, le long de « l'axe monumental » – bordé dans sa partie basse par les ministères, le théâtre et la cathédrale – qui mène à la place des Trois-Pouvoirs, véritable leçon de sciences politiques. Au centre, le Congrès national, composé de deux tours jumelles et de coupoles – l'une concave, l'autre convexe –, et sur ses deux rives, ici le Tribunal suprême et là, le Palais de la présidence (le Planalto).

Contre toute attente, Kubitschek a tenu son pari. Quatre ans après le début des travaux, Brasília est inaugurée le 21 avril 1960. Quelques années plus tard, elle trouve dans le régime militaire un fidèle allié. Soucieux d'éloigner les autorités de l'agitation sociale des grands centres urbains, en particulier de Rio de Janeiro, les officiers accélèrent le déménagement de l'administration. En quelques années, Brasília devient effectivement le centre de commandement du pays, sa capitale politique et administrative, avec les banques publiques, les ministères, le personnel diplomatique et les lobbies de toutes sortes.

À ce titre, elle attire des Brésiliens des quatre coins du pays, une spécificité qui saute aux yeux à la première visite au supermarché : on y trouve autant le *mate*, ce breuvage cher aux *gauchos* du sud du pays, que l'huile de *dendê* sans laquelle les Nordestins ne peuvent cuisiner. La démographie s'embrase : la ville compte 140000 habitants en 1960, 2 millions en 2000, 2,8 millions en 2013 ; elle dépasse désormais Belo Horizonte, la capitale du Minas Gerais, pour devenir la quatrième ville du pays. Brasília est aussi la ville où le revenu moyen des habitants est le plus élevé du Brésil.

Pour le visiteur, la sensation est étrange. La ville n'a aucun angle de rue, et pour circuler la voiture est reine. Elle est un cauchemar pour le piéton dès qu'il sort des régions résidentielles où il est toujours prioritaire, faute de feu rouge aux ronds-points. Traverser les avenues est alors pratiquement impossible, et les ponts n'ont pas de garde-fou. Une géographie qui renforce la sensation d'être coupé du reste du pays.

À sa façon, Brasília est en effet une île, où l'on ne produit que des services, bloquée par les embouteillages, sans manifestation, et même sans quartiers populaires, rejetés en dehors du plan pilote, dans des villes dites « satellites ». C'est dans ces dernières que la réalité rattrape l'utopie, de la manière la plus brutale. La banlieue de Brasília affiche désormais un taux d'homicide parmi les plus élevés du pays.

Une explosion de violence qui s'explique notamment par le fait que la capitale est sur le chemin de tous les trafics en provenance du Paraguay et des pays andins et par l'arrivée continue d'immigrés de l'intérieur, attirés par le haut niveau de vie. De petits bourgs passent en quelques années au statut de grande ville, sans avoir les moyens de répondre aux besoins de la population, ni la moindre planification. Ainsi la ville d'Aguas Lindas, qui comptait 3000 âmes en 1993, en accueillait-elle 300000 dix ans plus tard! Pour Niemeyer, interrogé sur ce développement chaotique, il n'y a pas de doute : il fallait mettre des bornes à l'extension de Brasília. Mais était-ce seulement possible?

Le Nordeste, entre retard et dynamisme

Avec Rio de Janeiro, le Nordeste est la principale source de clichés sur le Brésil. À l'étranger, la Brésilienne est soit une starlette en bikini devant le Pão de Açucar, soit une Bahianaise aux formes généreuses qui, vêtue de blanc, marche langoureusement, des fruits en équilibre sur la tête...

La carte postale a un sens : c'est dans le Nordeste que l'histoire moderne du Brésil a commencé. Le bateau de Pedro Álvares Cabral a accosté à Bahia le 22 avril 1500, et c'est là qu'est née, quelques années plus tard, la première capitale brésilienne, São Salvador da Bahia de Todos os Santos, littéralement « Saint-Sauveur de la Baie de tous les saints », ainsi baptisée en mémoire du jour de sa fondation, le 1er novembre 1549, fête de tous les saints.

Centre du commerce des esclaves et des denrées coloniales, elle reste capitale de la colonie jusqu'en 1763, date à laquelle elle est remplacée par Rio de Janeiro, première étape d'un déclin que le Nordeste commence enfin à enrayer. Formée autour de l'exploitation du sucre, puis du cacao, la région n'a jamais vraiment réussi à relancer son économie. Sa démographie a rapidement traduit ce déclin : non seulement le Nordeste n'a pas attiré d'immigrés étrangers au XIXe siècle, mais il a perdu de la population au profit du Sud, avec la révolution du café à partir du XVIIIe siècle puis l'industrialisation conséquente, et de l'Amazonie, à l'époque de l'exploitation du caoutchouc, dans la seconde moitié du XIXe siècle.

En 1946, Josué de Castro, un médecin du Pernambuco, lance un pavé dans la mare en publiant *La Géographie de la faim*. Il choque le Brésil en dévoilant une réalité niée par les capitales du littoral, celle de populations affamées, contraintes à fuir le Sertão aride à chaque sécheresse. À l'instar de l'alimentation, tous les indicateurs humains – éducation, santé, emploi, violence, etc. – sont au rouge. Dans ces régions, des milliers de Brésiliens sont emportés tous les ans par les maladies dites « de la pauvreté » : malaria, tuberculose, infections intestinales ou pneumonie.

Longtemps abandonné par l'État, le Nordeste est devenu, depuis 2003, la principale cible des politiques de redistribution de revenus. Il concentre notamment la moitié des bénéficiaires de l'allocation *Bolsa familia*, la grande mesure sociale du gouvernement. Le surgissement de nouveaux consommateurs attire les investissements, privés, mais surtout publics, pour tenter de compenser les considérables lacunes en infrastructures. Malgré une croissance de l'économie deux fois supérieure à celle du reste du pays au cours de la dernière décennie, le revenu des Nordestins ne représente que la moitié du revenu moyen brésilien. La responsabilité des politiques locaux, héritiers des « colonels » de l'Empire portugais est considérable à cet égard.

Un espace structuré par les fleuves

Avant d'avoir des frontières, et des voisins bien définis, le Brésil a d'abord été une île. C'est du moins ainsi qu'au XVIe siècle les cartographes portugais se plaisaient à présenter le territoire, soit par ignorance, soit pour justifier l'impossibilité de briser cette gigantesque unité naturelle, limitée d'un côté par l'Atlantique, de l'autre par deux fleuves, l'Amazone au nord, et la Plata au sud (à l'époque, l'Argentine n'existait pas), unis par un lac intérieur – une géographie inventée, qui repose sur l'existence de marais dans le Pantanal. Cette représentation n'est pas qu'imaginaire. Dès les premières années de la conquête, ce sont les fleuves qui permettent d'occuper l'espace. À l'exemple des Indiens, c'est en pirogue que les Portugais pénètrent le pays.

Les fleuves s'affirment comme les principaux instruments de l'intégration régionale. Il y a l'Amazone bien sûr, le plus puissant et le plus long du monde – les géographes ont démontré qu'il surpassait le Nil avec ses 6 992 km. Avec un débit cent fois supérieur à celui du Rhône, il lui suffirait de neuf minutes pour engloutir Paris sous les eaux. La profondeur de l'Amazone et de ses principaux affluents, comme la Madeira, le Rio Negro et le Guaporé, permet de naviguer sur des milliers de kilomètres, jusqu'aux Andes, en s'arrêtant à des ports devenus considérables, tels Belém ou Manaus.

Le São Francisco est un autre axe primordial, coulant du sud vers le nord, puis en direction du littoral oriental : le véhicule idéal de l'or trouvé dans le Minas Gerais et convoyé vers Bahia. Plus au sud, le Paraná et ses affluents, le Tieté, le Paranapanema et le Paranaíba, font le lien entre les métropoles du Sud-Est (Rio de Janeiro, São Paulo) et les provinces du Mato Grosso et Goias. Une voie alternative est fournie par le Paraguay et ses affluents, le Cuiabá et le Taquiri. Pour relier les grands plateaux du centre aux bouches de l'Amazone, les Brésiliens empruntent l'Araguaía, le Tocantins et le Xingú, grossièrement parallèles. Dans le Sud, les fleuves Uruguay, Itajai et Guaiba désenclavent les territoires.

À la fin du XIXe siècle, la navigation fluviale repose sur un réseau d'environ 50000 km de lignes régulières, contre à peine 9000 km de voies ferrées. La révolution automobile et l'aviation ont changé la donne dans les zones les plus urbaines, mais pas dans les forêts. Aujourd'hui encore, plusieurs régions d'Amazonie ne sont accessibles que grâce aux bateaux qui délivrent des services aux communautés indiennes, avec l'aide d'ONG (organisations non gouvernementales) : des médecins, des juges et même des artistes vont d'une tribu à l'autre en bateau.

La frénésie de construction a permis d'en finir avec le chômage structurel : si les salaires restent peu élevés, les Nordestins n'abandonnent plus leur famille pour les métropoles du Sud et du Sud-Est. Le mouvement s'est même inversé : les États du Ceará, Paraíba, Sergipe et Rio Grande do Norte ont désormais un solde migratoire positif. À São Paulo et Rio de Janeiro, ces bras en moins provoquent une véritable crise. Ils sont remplacés par un surcroît d'immigrants latino-américains, notamment des Boliviens et des Paraguayens.

Le Nordeste n'est pas homogène. Aux étendues arides, comme maudites, répondent des villes dynamiques. La région est surtout le creuset le plus original de la culture brésilienne, où se fondent les influences indienne, africaine et européenne. Méprisés et rejetés quand ils arrivent dans le Sud, les Nordestins n'en ont pas moins irrigué toute la culture nationale de leurs musique, folklore et gastronomie, sans parler de leur contribution à la scène littéraire, de Jorge Amado à João Cabral de Melo Neto, en passant par José de Alencar.

Le Sud « européen »

Régulièrement, comme pour se persuader que le Brésil n'est pas condamné au sous-développement, les magazines lancent une série de reportages dans le sud du pays. La région, constituée par trois États (Paraná, Santa Catarina et Rio Grande do Sul), se distingue en effet par des indicateurs sociaux hors du commun : un niveau de scolarité plus élevé, des services publics et un système de santé relativement plus performants, des villes à taille humaine.

Les capitales du Sud sont fières d'être à la pointe en termes d'innovations sociales (Porto Alegre), ou de conception de villes « intelligentes », comme Curitiba, qui dispose d'un système de transport collectif unique. Après avoir, comme toutes les métropoles brésiliennes, opté pour le tout-voiture dans les années 1950, la municipalité introduit un réseau de bus comparable à un métro de surface. Il possède des stations tubulaires, des itinéraires protégés et des correspondances. Un seul ticket permet à quiconque de se rendre n'importe où dans l'agglomération, fait rarissime au Brésil. L'idée a été reprise et adaptée par Bogotá et Los Angeles. De là à y voir le résultat de la colonisation européenne qui s'est concentrée sur ces terres, par opposition au Nordeste peuplé d'esclaves noirs, il n'y a qu'un pas que de nombreux Brésiliens n'hésitent pas à franchir.

Il faut dire que le Sud a toujours été jaloux de ses particularismes. L'accent ne fait pas place au chuintement qu'on retrouve plus au nord. Il y fait froid l'hiver et l'on boit du *mate*, un thé amer, pour se réchauffer. Pas de palmiers sous ces cieux, mais de splendides araucarias, le conifère dont l'État du Rio Grande do Sul a fait son emblème. Cette région rassemble la majorité des pieds de vigne brésiliens – même si l'on en a récemment planté dans le Nordeste. Ils voisinent avec des pommiers, des abricotiers et des pruniers, absents dans le reste du pays. Très fertiles, les terres ont été colonisées par le soja, qui profite de la présence de ports parmi les plus importants du pays, notamment dans l'État du Paraná.

Dans la Pampa, plus au sud, les *gauchos*, ces vachers à cheval, sont les rois; tous ses habitants ont, par ricochet, gagné ce surnom. C'est aussi la région où les frontières ont le plus d'importance. Ici, la proximité avec l'Argentine, le Paraguay et l'Uruguay se fait d'autant plus sentir que les délimitations entre les territoires sont récentes. Toute famille *gaucha* qui se respecte a un militaire dans ses rangs, témoignant de l'inquiétude véhiculée par le voisinage. Cela n'empêche pas les échanges : comme en Argentine, les *gauchos* ponctuent toutes leurs phrases de « *che* ». La création du Mercosur, au début des années 1990, a accentué la tendance des industries traditionnelles (chaussures, meubles) à se tourner vers l'exportation.

L'Amazonie, terre de tous les fantasmes

Les Brésiliens en parlent avec passion et jalousie nationaliste; rares sont ceux qui y ont mis les pieds. Couvrant la moitié du territoire, l'Amazonie est la terre de tous les fantasmes. Elle est l'eldorado du « bon sauvage », le « poumon de la planète » qu'elle va sauver du réchauffement climatique, et la source de remèdes contre les maladies du monde entier. Un instant plus tard, elle est présentée comme une masse de terres sombres, peuplées d'Indiens hostiles et d'animaux agressifs, point de rencontre des trafiquants de drogues et des guérilleros colombiens des FARC (Forces armées révolutionnaires de Colombie).

L'Amazonie est loin, difficile et coûteuse d'accès. Même les scientifiques ne s'y intéressent que depuis les années 1970. Pendant plus de quatre siècles, les seules observations se bornaient à des récits de voyage rédigés par des explorateurs en bateau, qui ne s'éloignaient jamais longtemps des rives. C'est le régime militaire qui, pour la première fois au début des années 1970, décide d'intégrer le « grand vide » au territoire. Il s'agit de réaffirmer la souveraineté brésilienne face à des projets, le plus souvent américains, d'une « Amazonie internationale ». Pour le gouvernement, c'est aussi une solution aux problèmes fonciers du Nordeste. À défaut de réforme agraire, les militaires veulent donner « des terres aux hommes sans terre, des hommes aux terres sans homme ».

Une conception qui préfère oublier les quelque 60000 Indiens répartis sur ce territoire, et qui se heurtera vite à la réalité. Dompter l'Amazonie est plus complexe qu'il y paraît. Le percement, dans les années 1970, de la route Transamazonienne, qui devait relier Recife et João Pessoa au Pérou coûte une fortune. La colonisation ne suit pas les plans établis. La terre n'est pas aussi fertile qu'on l'imaginait; le climat est inadapté aux manioc, riz et haricots que les Nordestins ont l'habitude de cultiver; et pour lesquels il n'y a aucun débouché commercial...

Malgré tout, entre projets gouvernementaux et colonisation sauvage, l'Amazonie est devenue un front pionnier. Depuis les années 1980, sa population a doublé, pour dépasser les 20 millions d'habitants, avec une densité d'environ quatre habitants par kilomètre carré. La moyenne ne signifie pas grand-chose : des espaces pratiquement vides font face à des zones de peuplement dense, le long des axes de communication et dans les villes. Avec plus de 1,7 million d'habitants, Manaus reste la plus peuplée. Les activités économiques ont changé : la « reine du caoutchouc », qui a accueilli au début du siècle les premiers tramways du Brésil, est devenue un centre de production d'électronique, grâce à la mise en place d'une zone franche attirant les investissements.

La colonisation a aussi eu un effet désastreux sur l'environnement. L'élevage, l'agriculture et l'invasion des terres par les chercheurs d'or ont accéléré la déforestation. Environ 17 % du massif forestier initial, soit 680 000 km^2 de couverture végétale, ont été dévastés.

Les Brésiliens continuent d'hésiter entre le projet d'intégrer totalement l'Amazonie au reste du territoire et celui de protéger les groupes indigènes et les milieux naturels. En 1992, la conférence de l'ONU (Organisation des Nations unies) sur la terre de Rio de Janeiro pousse les autorités à envisager un développement moins prédateur, ne serait-ce que pour préserver une biodiversité à nulle autre pareille.

L'Amazonie brésilienne abrite en effet 1200 espèces d'oiseaux connus, qui ne représentent probablement qu'une infime part de la réalité : 800 d'entre elles ont été rencontrées dans un rayon de 150 km autour de Manaus. Les trois quarts des recherches sont d'ailleurs limitées aux alentours de Manaus et Belém, faute de moyens. Les chiffres donnent le tournis. En quelques années, on a identifié plus de 2000 poissons, dix fois plus que dans toute l'Europe, plus

São Gabriel da Cachoeira, capitale indienne

Avec ses 110 000 km², São Gabriel da Cachoeira est l'une des communes les plus étendues du Brésil. Au fin fond de l'État d'Amazonas, traversé par la ligne de l'équateur, São Gabriel da Cachoeira est pourtant coupé du reste du pays : on ne peut y parvenir que par bateau ou par avion, la route qui permettait d'y accéder *via* le Venezuela voisin ayant été dévorée par la forêt...

À l'origine fort construit au bord du Rio Negro à la fin du XVIIIe siècle pour défendre la souveraineté portugaise de la région, São Gabriel est progressivement tombé dans l'oubli, n'intéressant qu'une poignée de missionnaires. Sa résurrection date des années 1970, période où le régime militaire, préoccupé par la porosité des frontières en Amazonie, y a fixé une garnison. Il s'agit aujourd'hui d'une véritable ville, dotée de commerces, de petits hôtels, de *lan-house* où les adolescents se précipitent à la nuit tombée pour surfer sur Internet, quand les lignes téléphoniques et l'électricité fonctionnent... Les tribus voisines, venues en bateau de Manaus, s'y réapprovisionnent en produits manufacturés du Sud.

La « ville dans la forêt » a une originalité : enclave dans les terres indigènes, elle est peuplée à majorité d'Indiens. La municipalité a ainsi quatre langues officielles : le portugais, le tucano, le baniua et le ñeengatu. Les Indiens n'ont pas pour autant pris le pouvoir : jusqu'en 2008, le maire élu a systématiquement été un Blanc. Appuyés par les caciques locaux, les candidats « étrangers » gagnent les suffrages en distribuant ici un panier de victuailles, là un nouveau bus. La population est en effet constituée d'Indiens pauvres, attirés par l'espérance d'un emploi et de meilleures conditions de vie.

Pour les spécialistes de l'Amazonie, São Gabriel est un cas d'école : malgré l'afflux constant de nouveaux arrivants, elle croît sans provoquer autour d'elle de déforestation. Il suffit de faire quelques pas en dehors de la ville pour se retrouver en pleine jungle. Les populations qui s'y installent conservent des liens avec leurs régions d'origine. L'expérience rappelle que les populations indiennes sont les principales garantes de la préservation de l'Amazonie, même dans un cadre urbain.

de 3000 types d'abeilles, 1800 de papillons. Quant aux fourmis, on en décèle une centaine d'espèces dans un seul arbre, autant que dans toute l'Allemagne.

Richesse des espèces ne signifie pas pour autant profusion. Parfois même, c'est le contraire : la plupart sont rares, propres à un écosystème très particulier, et la déforestation a probablement déjà fait disparaître de la terre des espèces qui n'avaient jamais été étudiées.

2 Une histoire sans révolution

DÉCOUVERTE
COLONISATION
INDÉPENDANCE
RÉPUBLIQUE
« ESTADO NOVO »
DICTATURE
DÉMOCRATIE
LULA

Le Brésil s'enorgueillit d'une histoire pacifique, de la découverte par les Portugais des « bons sauvages » indigènes à l'agrandissement du territoire, au détriment des voisins, « sans conflit », en passant par un curieux processus de décolonisation et une « dictature inachevée ». Cette absence de révolutions, qui contraste avec l'histoire du reste de l'Amérique latine, est un trait soigneusement répété par les élites, qui y voient une façon de maintenir le *statu quo* au sein des masses populaires. Pourtant, les épisodes violents ne manquent pas dans l'histoire du pays. Même si, pour leur majorité, ils sont regardés avec atonie par la population, très tardivement associée aux décisions. Le Brésil est indépendant depuis 1822 et la proclamation de la république date de 1889, mais il a fallu attendre 1985 pour que tous les Brésiliens, y compris les analphabètes, soient autorisés à voter...

Découverte et invention du Brésil

Les Portugais ont-ils vraiment découvert le Brésil par accident, comme l'histoire officielle le prétend ? Mystère. Ce 22 avril 1500, Pedro Álvares Cabral, gentilhomme à la cour de Dom Manuel, accoste une terre inconnue. Il a quitté le

Tage en mars de la même année à la tête d'une flotte de treize bateaux et de 1200 hommes, à destination de l'Asie, sur les traces de Vasco de Gama, revenu triomphalement d'un long périple en août 1499. Six semaines plus tard, c'est le littoral sud de Bahia qui apparaît au bout de la longue-vue. Sans plus s'en émouvoir, Cabral baptise ce territoire « *Terra de Santa Cruz* ». Le chef de l'expédition ne s'éternise pas : au bout d'une semaine, il poursuit son trajet vers l'Asie, en prenant tout de même soin de renvoyer au Portugal l'un de ses navires pour informer le souverain de sa trouvaille.

La découverte du Brésil est à l'origine de débats passionnés entre historiens : s'il semble avéré que Pedro Cabral est bien le premier Européen à mettre pied sur cette terre, il n'est pas impossible que Lisbonne en ait déjà soupçonné l'existence. Cela expliquerait en tout cas l'énergie avec laquelle la Couronne portugaise a négocié la division du sous-continent avec l'Espagne.

En 1493, une bulle papale, dite « *Inter cætera* », fixe à 100 lieues à l'ouest des îles du Cap-Vert la ligne de partage entre les deux monarchies : les terres situées à l'est reviennent au Portugal, celles à l'ouest, à l'Espagne. Mais, dès 1494, le roi Jean II relance les discussions et parvient à repousser de 370 lieues vers l'ouest cette limite, selon une ligne méridienne imaginaire, dite « de Tordesillas », qui donnera son nom au traité. Le souverain disposait-il d'informations sur cette future terre ou cherchait-il simplement à avoir le plus grand avantage possible face à l'Espagne ? Quoi qu'il en soit, l'acte de naissance officiel de la Terra de Santa Cruz est le 22 avril 1500. Mais l'appellation dévote ne tient pas longtemps. Elle est progressivement remplacée, à partir de 1511, par « Brasil », en référence au *pau brasil*, un bois de braise arraché à la forêt atlantique. Très utilisé par les Indiens pour teindre les fils de coton, il devient aussitôt la cible de l'industrie textile européenne et, durant des années, le seul centre d'intérêt de cette terre vierge aux yeux de Lisbonne.

Pour les diplomates portugais, la découverte de Cabral marque la première étape d'une expansion sans limite. Dès le XVIe siècle, comme le relate Martine Droulers dans son ouvrage (*voir Bibliographie*), ils multiplient les stratégies pour pousser toujours plus vers l'ouest la ligne imaginaire de démarcation avec l'Espagne, dépassant même les limites du traité de Tordesillas. Pour convaincre, les cartographes portugais, réputés, inventent le concept d'« île Brésil ». Selon leurs descriptions, le territoire serait bordé, d'un côté, par l'Atlantique, de l'autre, par deux fleuves immenses, l'Amazone au nord, et la Plata au sud, reliés par un lac intérieur. Au nom de l'insularité, cette conception donne une unité au territoire. Le mythe a beaucoup de succès : de nombreuses expéditions se lancent à la recherche de ce lac unificateur, baptisé « Lagoa do Ouro ». Les premières expéditions, qui débouchent sur les marécages du Pantanal, donnent une certaine cohérence à cette construction imaginaire.

Ce qui frappe les compagnons de Cabral, c'est la nudité des habitants de cette terre luxuriante, et le naturel avec lequel elle est assumée. « Ce sont des hommes bruns, de bons visages, de bons nez, bien faits. Ils marchent nus, sans que rien ne couvre leurs parties honteuses, ils le font avec autant d'innocence que s'il s'agissait de leur visage » : Pero Vaz de Caminha n'en croit pas ses yeux. Il décrit par le menu la rencontre avec les Indiens Tupiniquim, une tribu de l'ethnie Tupi-guarani qui peuple le littoral.

La lettre, signée du 1er mai 1500 et destinée au roi Manuel, est la première description de la Terre de Santa Cruz. L'écrivain y note que les Indiens ne sont pas circoncis – ils ne sont donc pas musulmans – et se montrent peu agressifs. Sa plume se fait plus alerte lorsqu'il évoque la nudité des femmes : « Il y avait trois ou quatre jeunes femmes parmi eux, très jeunes et très jolies, les cheveux longs tombant sur les épaules, et leurs parties honteuses si hautes, si proches et sans le moindre poil que nous ne ressentions pas de honte à les regarder. »

Forêts luxuriantes à perte de vue, falaises rouges, perroquets multicolores, cette terre a des allures de paradis. Même le climat semble parfait. Cinquante-six ans après la découverte du Brésil, c'est d'ailleurs à ce « bon air » que le voyageur français Jean de Léry attribue l'excellente santé des Indiens, « plus forts, plus robustes et replets, plus dispos, moins sujets aux maladies » que les Européens. Cette vigueur paraît presque surnaturelle : « Bien que plusieurs parviennent jusqu'à l'âge de cent ou cent vingt ans, il y en a peu qui en leur vieillesse aient les cheveux blancs ni gris. » Hormis cette longévité, il avertit qu'ils ne sont guère différents, « ni velus ni couverts de leurs poils, [comme certains] veulent le faire croire », ils ne sont pas noirs, « seulement basanés, comme vous le diriez des Espagnols ou des Provençaux ».

Inspirés par la peur, l'ignorance ou des calculs précis, d'autres récits donnent des Indiens une image inamicale, bestiale, voire dangereuse. L'anthropophagie et la sexualité libérée sont pointées comme les signes d'une civilisation inférieure, tout comme les guerres perpétuelles que se livrent les différentes tribus. Certains religieux, tel le frère Vicente de Salvador, estiment même qu'ils sont démoniaques : le diable, chassé d'Europe au Moyen Âge grâce aux progrès de la chrétienté, aurait trouvé refuge sur ces terres. Les mercenaires portugais tenaient là l'argument clé leur permettant de réduire en esclavage les Indiens. Ou de les décimer s'ils freinaient leur avancée dans le pays. Pour les premiers habitants du Brésil, la découverte portugaise tourne rapidement à la tragédie.

Les menaces étrangères fondent l'État

Si les cartographes s'ingénient à obtenir les territoires les plus larges possible, le Portugal n'est pas pour autant prêt à de gros efforts pour les peupler et les organiser. À première vue, le Brésil est moins intéressant que les colonies d'Afrique et d'Asie, où sont envoyés l'essentiel des troupes et les cadres. Les colons venus tenter leur chance – le plus souvent des repris de justice, des mercenaires ou de petits nobles déchus – se bornent à peupler le littoral.

Lisbonne commence par diviser la côte en quinze parcelles ou « capitaineries ». Les volontaires ont tous les droits sur ces terres : ils sont censés nommer les autorités municipales et distribuer les terres comme bon leur semble. Les rares prétendants échouent pour leur majorité. Sans capitaux pour débroussailler les forêts et les peupler, isolés dans cet immense territoire, ils perdent rapidement tout leur investissement et se heurtent à l'hostilité des indigènes. L'un d'eux, le capitaine Francisco Pereira Coutinho, est même séquestré à Bahia par les Indiens qui le dévorent au cours d'un grand banquet. Au Portugal, l'épisode fait l'effet d'une douche froide. Vers 1550, la colonie est un espace éclaté et fragilisé. Les Indiens regagnent du terrain, tandis que d'autres nations occidentales profitent de la faiblesse du Portugal pour mettre pied sur le sous-continent.

Lisbonne réagit : en 1549, le roi Jean III nomme un gouverneur général, Tomé de Sousa, à la tête de toutes les capitaineries, avec pour centre Salvador de Bahia. La même année, Manuel da Nobrega débarque avec un contingent de jésuites, pour fonder les premières missions. Tomé de Sousa puis Mem de Sá, un autre homme à la poigne de fer qui lui succède, mettent de l'ordre dans la colonie. Ils remplacent des capitaines, rétablissent un semblant d'ordre public et parrainent des explorations à l'intérieur du pays.

Il était temps. Car, de l'autre côté de l'Atlantique, les projets d'invasion prospèrent. Français et Hollandais ne se sentent tenus ni par le traité de Tordesillas, ni par la bulle papale. Les Bataves jettent leur dévolu sur le Nord, la région la plus proche de l'Europe, où se concentre la production de canne à sucre. Ils s'imposent ainsi à Recife et Olinda, et ins-

France antarctique, France équinoxiale

C'est à un protestant, l'ancien chevalier de Malte Nicolas Durant de Villegagnon, que la France doit sa première tentative d'implantation sur les côtes brésiliennes. Quittant le royaume d'Henri II déjà déchiré par les guerres de religion, en 1555, le militaire met le cap sur le Brésil, afin d'y installer une colonie où les protestants français pourront librement pratiquer leur religion.

Laissant de côté le Nordeste, où les Portugais sont déjà bien installés, Nicolas de Villegagnon convoite la baie de Guanabara, qui abritera plus tard Rio de Janeiro. Il a tout pour réussir : le fort de Coligny, bâti sur une île – qui porte, aujourd'hui encore, le nom de Villegagnon –, défend la baie. Sur terre, les protestants bénéficient de l'appui des Tamoios, une tribu d'Indiens avec lesquels les Français ont tissé des relations depuis des années, fondées sur l'importation du bois *brasil*. Nicolas de Villegagnon y reçoit le titre de « vice-roi d'Amérique » pour gouverner ce qui est aussitôt baptisé la « France antarctique ».

L'expérience fait long feu. Luthérien à son arrivée, le chef de la colonie est séduit par le calvinisme et décide d'instaurer l'ordre moral parmi les siens. L'interdiction notamment de toute relation avec les femmes indigènes soulève l'indignation des mercenaires. La bataille théologique vire au massacre quand Villegagnon décide de se reconvertir au catholicisme. Divisée, la colonie devenait une proie facile : en 1560, les Français sont défaits par les troupes portugaises conduites par Estácio de Sá, qui abandonne l'île de Villegagnon pour fonder une ville sur la terre ferme, São Sebastião do Rio de Janeiro. La France antarctique n'aura duré que cinq ans.

Paris persiste. Au début du XVIIe siècle, Henri IV rêve cette fois d'une « France équinoxiale ». Là encore, la stratégie consiste à s'allier aux tribus indiennes en refusant ostensiblement de les réduire en esclavage. Henri IV fait nommer Daniel de la Ravardière « vice-amiral des côtes du Brésil », à la tête d'une troupe de 500 colons. En 1612, la mission fonde la ville de Saint-Louis, sur l'île du Maranhão. Mais, sans capitaux ni troupes suffisantes, les Français sont incapables de faire face aux assauts portugais : en 1615, ils sont expulsés de São Luis.

Ultime tentative cinquante ans plus tard, sous Louis XIV. Profitant de la confusion provoquée par la guerre de Succession d'Espagne, le Français Duguay-Trouin parvient, au terme d'une bataille éclair, à s'emparer de Rio de Janeiro. Son passage ne dure que quelques jours : sans projet de colonisation, le Français ne veut que piller la ville. La France des tropiques se réduit finalement à la seule Guyane, autour de Cayenne, fondée en 1605.

tallent, dans les années 1640, des comptoirs commerciaux sur toute la côte.

Mais la colonisation stagne. Refusant de remettre en cause le modèle de société esclavagiste des Portugais, les Hollandais ne parviennent pas à s'attirer la sympathie des opprimés. Pour ne rien arranger, leur religion calviniste réprime les fêtes, chants et danses, centraux dans la culture africaine, dont le catholicisme portugais s'accommode fort bien. En quelques années, on atteint une situation paradoxale : les Indiens et les Noirs s'allient aux colons blancs pour déloger les occupants. En 1648, la bataille de Guararapes, du nom d'un fleuve du Pernambuco, signe la défaite de l'armée hollandaise. Considéré comme l'acte de naissance de l'armée, le combat marque l'émergence du nationalisme brésilien.

Coupé du reste du monde, sans université propre – Lisbonne en interdit la création au Brésil, tout comme la publication de livres et de journaux –, le système colonial portugais résiste mieux que son voisin espagnol. Certes, à la fin du XVIIIe siècle, certains jeunes officiers partis étudier en Europe reviennent imprégnés des théories des Lumières, mais ils sont minoritaires. Seuls quelques épisodes soulignent le malaise croissant, dans un Brésil où les tensions raciales sont vives, du fait de l'arrivée toujours plus importante d'esclaves. Quant aux hommes d'affaires, ils sont las des restrictions imposées par la métropole. Aucun échange n'est possible avec des pays tiers s'il ne transite pas par Lisbonne, et l'industrialisation est bloquée par la capitale, trop heureuse de disposer d'un marché captif pour écouler ses produits.

C'est dans le Minas Gerais, région aurifère, qu'émergent les premières prétentions indépendantistes. L'épuisement progressif des filons provoque une crise économique ignorée par la métropole. Lisbonne exige sa part d'or, attribuant la baisse des envois à la fraude. Face au pouvoir aveugle, une trentaine de jeunes officiers commencent à conspirer, en vue de transformer le gouvernement du Minas Gerais en démocratie. À sa tête, le groupe nomme le sous-lieutenant Joaquim José da Silva Xavier dit « Tiradentes » pour ses talents de dentiste. Derrière le jeune homme, on trouve déjà une bonne partie des élites du Minas Gerais.

Mais, en 1789, l'un des conjurés alerte le gouverneur. Les principaux conspirateurs sont jetés en prison. Le 21 avril 1792, Tiradentes est pendu puis écartelé. Son martyre fait de lui un mythe, et le symbole de la lutte pour l'indépendance. Le jour anniversaire de sa mort est férié au Brésil.

L'impact surprise des guerres napoléoniennes

Le catalyseur de l'indépendance viendra d'Europe, théâtre de batailles d'influence entre l'Angleterre et la France de Napoléon. Le Portugal a bien essayé de rester neutre, en vain. Lorsque Lisbonne refuse d'obtempérer à la demande de Paris de fermer ses ports à la flotte anglaise, Napoléon envahit le pays. Nous sommes en novembre 1807. La monarchie s'enfuit pour le Brésil, devenu le joyau de l'empire.

L'arrivée de la cour impériale, et de 12 000 courtisans, transforme Rio de Janeiro en chantier. La petite ville se fait belle pour João VI et accueillir les institutions de l'État : le Trésor royal, le tribunal de justice, l'Intendance de police, la Banque du Brésil et même un premier journal. Entre 1808 et 1822, la population *carioca* passe de 50 000 à 100 000 habitants. L'empereur annonce l'ouverture au monde des ports brésiliens, marquant la fin de trois siècles de monopole commercial portugais. Une aubaine pour les producteurs brésiliens, mais aussi pour l'Angleterre qui y trouve un nouveau débouché pour son industrie.

Heureux à Rio, João VI ne manifeste aucune envie de rentrer en métropole, même après le retrait des troupes napoléoniennes. Il élève le Brésil au rang de royaume, lui donnant un statut équivalent à celui de la capitale, se faisant ainsi souverain du royaume uni du Portugal, Brésil et Algarve. En 1820, l'agitation en Europe bouleverse ses projets. Les libéraux qui se sont imposés à l'Assemblée exigent une nouvelle Constitution limitant les pouvoirs du roi et son retour à Lisbonne.

João VI cède en avril 1821, mais il laisse à Rio de Janeiro son fils Pedro avec le titre de régent, lui recommandant, en cas de crise de part et d'autre de l'Atlantique, de choisir le Brésil. Les tensions ne tardent pas : depuis le retour du roi, le gouvernement portugais estime que les privilèges dont a bénéficié le Brésil n'ont plus lieu d'être. Lisbonne abolit l'autonomie politique, judiciaire et économique octroyée à la colonie et somme le prince Pedro de rentrer. Ce dernier tient tête en prononçant, le 9 janvier 1822, un discours entré dans l'histoire comme le « *Fico* » (« Je reste ») : « Puisque c'est pour le bien de tous, dites au peuple que je reste. » Conscient que le pays est prêt pour l'indépendance, et après s'être assuré le soutien de l'Angleterre, il franchit le dernier pas le 7 septembre 1822, sur les rives du fleuve Ipiranga, en s'exclamant : « L'indépendance ou la mort ! »

De l'empire à la république

Drôle d'indépendance que la brésilienne. C'est l'héritier de la Couronne portugaise qui, sous le nom de Pedro Ier, devient empereur du Brésil, nouveau pays indépendant. Ces circonstances atypiques contribuent au maintien de l'unité de l'Amérique portugaise, alors que l'Empire espagnol explose en quinze républiques entre 1810 et 1825.

Bien que fondé sur une nouvelle Constitution, le nouveau système se méfie de la démocratie, ne donnant le droit de vote qu'aux plus riches, tout en revendiquant l'esclavage. « La Constitution reconnaît les contrats entre les seigneurs et les esclaves, le gouvernement veillera à leur maintien » : les esclaves seront ravis d'apprendre qu'ils ont librement souscrit un contrat de servitude. Peu équilibré, Pedro Ier ne supporte pas les relations tendues avec le Parlement qui le considère presque comme un étranger puisqu'il est né au Portugal.

Le 7 avril 1831, il prend de court ses proches en abdiquant, abandonnant le trône à son fils, qui n'a alors que cinq ans. S'ensuit une période trouble que le régent du jeune prince écourte en le déclarant majeur avant l'heure. Roi à quatorze ans, Pedro II doit diriger un pays déchiré par le débat entre centralisme et fédéralisme. Si le pouvoir monarchique se fond dans le premier cadre, l'immensité du pays et les tentations séparatistes de plusieurs régions plaident pour le second. Durant tout son règne, Pedro II joue l'alternance des deux principaux partis, libéraux et conservateurs, pour rester maître des décisions, sans parvenir à élargir la base sociale de ses alliés. Le Parlement rejette ses projets de réforme agraire qui lui auraient attaché la loyauté des petits propriétaires.

Et lorsque Pedro II décide, tardivement il est vrai, de s'engager en faveur de l'abolition de l'esclavage, il devient la « bête noire » des barons de la terre. En 1888, le Brésil se plie enfin aux pressions internationales en rendant leur liberté à tous les esclaves, sans compensation. C'est l'un des derniers pays au monde à le faire. Pedro II, affaibli par la maladie, perd tous ses appuis. Le 9 novembre 1889, il organise une fête sur l'île Fiscale, au large de Rio de Janeiro, la plus grande de toute l'histoire de l'empire. Comme dans une tragi-comédie, le régime s'effondre sans résistance une semaine plus tard, renversé par un coup d'État militaire. L'épisode est d'ailleurs passé dans la langue portugaise : qualifier un événement de « bal de l'île Fiscale », c'est, alors que la situation semble idyllique, prévoir la catastrophe à venir.

La fronde des militaires, qui inaugure une série d'interventions dans la politique brésilienne, est une nouveauté. Elle prend probablement racine dans l'épisode le plus sombre du règne de Pedro II, la guerre du Paraguay. En 1865, Argentine, Brésil et Uruguay signent le traité dit de la « Triple Alliance » pour en finir avec le Paraguay. Parti d'un contentieux frontalier, l'affrontement tourne au massacre. Bien que doté d'une armée supérieure, le Paraguay succombe aux assauts des trois pays en 1870. Les deux tiers de sa population ont été décimés ; aux femmes incombera la reconstruction. Sur les 194000 survivants, on ne compte que 14000 hommes. Le pays ne s'en est jamais remis.

La république fait sienne la devise positiviste d'Auguste Comte « Ordre et progrès », pour traduire la volonté de se projeter dans le futur en dépassant les problèmes sociaux, et en faisant oublier son passé esclavagiste.

Passé de 4 à 14 millions d'habitants entre la proclamation de l'empire, en 1822, et celle de la république, en 1889, le Brésil reste, à la veille du XXe siècle, une économie essentiellement agricole, fondée sur le café, dont il est le premier producteur mondial.

Les *fazendeiros*, les barons de la terre, ont plus de pouvoir que jamais. Hier esclavagistes déçus par l'empire, ils se rallient avec enthousiasme à la république, en veillant à ce que le nouveau régime soit aussi éloigné des intérêts du peuple que le précédent. C'est désormais au tour des provinces de s'affirmer à travers un réseau de gouverneurs, qui sont généralement les plus grands propriétaires fonciers.

À cette époque s'affirme la prééminence sur la scène politique de deux États : le Minas Gerais et São Paulo. Sur les onze présidents non militaires de la « Vieille République » – de 1889 à 1930 –, six sont paulistes et trois, *mineiros*. C'est la politique « café au lait », en référence au café de São Paulo et à l'élevage du Minas Gerais. Pour maintenir l'ordre, le régime investit dans la répression, faisant taire les anarchistes et les communistes fraîchement débarqués d'Europe. L'armée est en revanche divisée : c'est dans ses rangs que naît la principale contestation, le mouvement des lieutenants, en 1922.

L'épopée de Prestes, « chevalier de l'espérance »

Le 5 juillet 1922, une poignée de lieutenants s'emparent du fort de Copacabana, le mieux équipé du pays, pour « laver l'honneur de l'armée », bafoué par le président dans une prétendue lettre. Les jeunes officiers, purs produits de la nouvelle classe urbaine, issus de milieux modestes, prétendent en finir avec cette république oligarchique et la politique « café au lait ». Défaits en quelques heures, ils sont relayés par d'autres groupes les mois suivants.

Un soulèvement voit le jour le 5 juillet 1924 à São Paulo. Cette fois, les soldats tiennent trois semaines. Quand ils voient se profiler la défaite, ils fuient, les armes à la main, vers le Sud. Dans le Rio Grande do Sul, ils sont rejoints par des rebelles, conduits par le capitaine Luis Carlos Prestes. Les deux troupes se rassemblent pour former une division révolutionnaire baptisée « colonne Prestes ». Le groupe de 1600 rebelles se lance alors dans une grande marche pour rallier à leur cause le Mato Grosso et le Nordeste.

Citadins, ces officiers ignorent tout du Brésil profond. Ils pensaient séduire les foules avec un discours civique, la promesse du vote pour tous et d'une réforme agraire. Ils se heurtent à l'atonie de paysans analphabètes qui se refusent à prendre les armes. En vingt-sept mois, les militaires errants parcourent 25 000 km, traversant treize des vingt États brésiliens, l'armée aux trousses. En bout de course, ce sont quelque 600 hommes traqués qui se réfugient en Bolivie avant de rendre les armes.

L'échec de cette tentative révolutionnaire illustre la difficulté des militants progressistes des villes à rallier les campagnes à leurs revendications. La persévérance de la colonne devient le symbole de la lutte au nom des opprimés. Luis Carlos Prestes, le futur leader charismatique du Parti communiste brésilien, y gagne le surnom de « chevalier de l'espérance ». C'est aussi le titre que donnera Jorge Amado au livre qui lui est dédié. Le mouvement des lieutenants est retombé, mais il a fragilisé la « Vieille République », et préparé le terrain pour la révolution de 1930.

Sur le plan international, c'est pendant la Vieille République que le Brésil consolide ses frontières grâce aux talents d'un homme, José Maria da Silva Paranhos, baron de Rio Branco. La politique de ce brillant chancelier tranche avec le lamentable épisode de la guerre du Paraguay. Fin négociateur, le baron règle à l'amiable tous les litiges avec les voisins... mais toujours au profit du Brésil. Avec l'Argentine qui lui disputait une province entre les fleuves Paraná et Uruguay, avec la Bolivie, à laquelle il rachète la région devenue aujourd'hui l'État d'Acre, avec la France à propos des limites entre la Guyane française et l'État de l'Amapá, avec l'Angleterre à propos de la Guyana.

Élevé au rang de héros dans l'histoire du pays, il a marqué la diplomatie brésilienne, qui se perçoit depuis comme conquérante mais pacifique. Avec près de 16 000 km de frontières, le Brésil est le seul pays d'Amérique du Sud à n'avoir aujourd'hui aucun différend frontalier avec ses voisins.

Le phénomène Getúlio Vargas

Le mouvement des lieutenants a donné le ton : c'est de l'armée que viendra une nouvelle fois le changement. Le 3 octobre 1930, le lieutenant-colonel Goes Monteiro lance ses troupes à l'assaut de Rio de Janeiro. C'est un succès.

Le renversement de la Vieille République prend le nom de « révolution de 1930 ». Cette fois, les gradés se sont alliés à un politique, le gouverneur du Rio Grande do Sul, Getúlio Vargas, petit homme replet à l'allure timide, dont la verve captive les foules. À la tête du pays, il tente de s'allier aussi bien les réformateurs issus du mouvement des lieutenants que les caciques de São Paulo et du Minas Gerais, en lançant une modernisation de l'appareil d'État. Le pouvoir central est élargi, et affiche son ambition sociale : institution d'un ministère de l'Éducation et de la Santé et d'un ministère du Travail, de l'Industrie et du Commerce.

Comme au Mexique à la même époque (révolution de Lázaro Cárdenas) et en Argentine en 1945 (avec Juan Domingo Perón), les autorités brésiliennes veulent abandonner les élites traditionnelles au profit des classes populaires urbaines. Ce basculement ne rime pourtant pas avec démocratie. La première Constitution, en 1934, continue de priver les trois quarts de la population, analphabètes, du droit de vote. À partir de 1937, tous les partis politiques sont interdits. La dictature proclamée par Getúlio Vargas est baptisée « *Estado Novo* » (« nouvel État »), en référence au régime de Salazar au Portugal. Les libertés publiques dépendront désormais du bon vouloir de Filinto Müller, le chef de la police politique, qui n'hésite pas à recourir à la torture et à la prison pour faire taire les dissidents. Les communistes sont sa première cible.

Revenu d'un long exil, Luis Carlos Prestes a l'illusion de faire tomber le régime. Sa conspiration est rapidement éventée. Après une cavale de plusieurs jours à Rio, le secrétaire général du Parti communiste brésilien tombe. Il écope de dix ans de prison. Le destin de sa compagne Olga Benário, Allemande d'origine juive, est plus tragique. Enceinte de sept mois, elle est extradée vers son pays d'origine sous les ordres de Müller, proche de la Gestapo. Leur fille Anita naîtra dans une prison allemande, avant d'être libérée en 1938. Olga finira dans une chambre à gaz en 1942. Dans une biographie magnifique intitulée simplement *Olga*, l'écrivain Fernando Morais raconte son histoire et celle de sa rencontre romanesque avec Luis Carlos Prestes.

L'expulsion de la militante allemande n'est pas un hasard : pendant les années précédant la guerre, Getúlio Vargas tente de ne pas prendre parti. Fasciné par la force politique du régime de Hitler comme de celui de Mussolini, il collabore avec l'Allemagne nazie, débouché commercial important. Mais Vargas n'est pas fou : le Brésil est d'abord un pays des Amériques; il est hors de question d'intégrer l'Axe contre les États-Unis. Quand ces derniers entrent en guerre, l'*Estado Novo* leur emboîte le pas en août 1942. En 1944, le Brésil est le seul pays d'Amérique du Sud à envoyer des troupes en Europe aux côtés des Alliés.

Ce choix a un coût pour le régime. L'engagement dans la guerre redonne vie aux aspirations démocratiques. En 1945, face à la multiplication des manifestations, Vargas organise lui-même sa sortie en planifiant des élections générales. Il pousse l'un de ses proches à se présenter, briguant de son côté un poste de sénateur. Ce faisant, il reconnaît l'Union soviétique et effectue un important virage à gauche qui le rapproche des communistes. À sa sortie de prison, Luis Carlos Prestes apprend la mort d'Olga, mais appelle à serrer les rangs derrière le chef d'État sortant. Les élections n'ont finalement pas lieu : le 29 octobre 1945, le commandant en chef des armées, Goes Monteiro, qui avait installé Getúlio Vargas au pouvoir, organise sa déposition.

Le leader quitte le pouvoir sans résistance pour se réfugier dans ses terres du sud du pays. Fausse retraite. Pendant cinq ans, Getúlio parcourt le pays et teste sa popularité, intacte : si l'*Estado Novo* a maltraité les libertés publiques, il a aussi mis le progrès social au cœur de son action.

En plaçant l'État au centre de l'économie, Getúlio Vargas a institué une politique keynésienne avant l'heure. Des crédits soutiennent les secteurs agricoles dont la production est destinée à l'exportation, pour les aider quand les cours plongent. L'industrialisation a été une priorité, concrétisée par la création d'entreprises nationales dans tous les secteurs de base : sidérurgie, production minière, énergie électrique, chimie lourde. Le système éducatif a été amélioré pour fournir des cadres au pays. Le régime s'est voulu le protecteur de la classe ouvrière, avec la création de syndicats liés à l'État. Cette logique corporatiste donne pour la première fois des droits aux travailleurs. La révolution ne touche toutefois que les classes urbaines.

La population lui sait gré de ce bien-être social : en octobre 1950, c'est avec facilité que le leader *gaucho* emporte l'élection présidentielle pour un mandat qu'il promet démocratique.

Chronique d'un coup d'État annoncé

— Le retour de Getúlio Vargas enflamme les foules et fait enrager les élites. En 1950, le journaliste Carlos Lacerda, ancien communiste et porte-parole du Parti conservateur, résume dans un de ses éditoriaux la haine que le leader politique inspire : « Le sénateur Getúlio Vargas ne doit pas être candidat à la présidence. S'il est candidat, il ne doit pas être élu. S'il est élu, il ne doit pas entrer en fonction. S'il entre en fonction, nous devons recourir à la révolution pour l'empêcher de gouverner. »

L'opposition fait tout pour renverser ce qu'elle qualifie de « république syndicaliste », l'accusant de chaos économique et d'autoritarisme. Getúlio Vargas tient bon, mais les esprits s'échauffent. Le 5 août 1954, le chef de la garde présidentielle organise, sans l'accord de Vargas, un attentat contre Carlos Lacerda. La tentative échoue, mais provoque la mort de l'officier qui accompagnait l'opposant. Lorsque l'enquête démontre que l'ordre a été donné par un proche du président, ce dernier a beau protester de son honnêteté, une violente campagne politique, relayée par la presse, demande sa tête aux militaires.

Le matin du 24 août 1954, Getúlio Vargas s'enferme dans son cabinet personnel et se tire une balle dans le cœur. Ce suicide bouleverse le pays. Ils sont des centaines de milliers à se presser derrière son cercueil, et à faire le siège de l'ambassade des États-Unis, jugés responsables de sa disparition. L'opposition désarçonnée fait marche arrière. En tirant sa révérence, Getúlio Vargas savait qu'il épargnait à son pays un nouveau coup d'État. Il l'a même écrit dans une lettre testament restée célèbre. Ses derniers mots sont éloquents : « J'ai lutté contre la spoliation du Brésil. J'ai lutté contre la spoliation du peuple. J'ai lutté avec conviction. La haine, les infamies, la calomnie ne m'ont pas découragé. Je vous ai donné ma vie. Je vous offre maintenant ma mort. Je ne crains rien. Avec sérénité je fais le premier pas sur le chemin de l'éternité et je quitte la vie pour rentrer dans l'histoire. »

Le Brésil obtient un répit de dix années qui, pour les plus âgés, incarnent toujours l'époque de l'optimisme. En arrivant au pouvoir en 1955, Juscelino Kubitschek promet de faire avancer le Brésil « de cinquante ans en cinq ans ». Pour lui, « gouverner, c'est ouvrir des routes ». Il met sur pied le premier axe routier amazonien et entreprend de désenclaver toutes les capitales. Pariant sur l'industrialisation, il lance une série d'investissements pour améliorer les infrastructures, tout en ouvrant le pays aux capitaux étrangers. Sa principale œuvre est Brasília, capitale inventée à 1 000 km à l'intérieur des terres, preuve que le Brésil croit en l'avenir en regardant vers l'Ouest. L'urbanisme audacieux de Lucio Costa et les édifices d'Oscar Niemeyer font le reste. Il ne reste plus aux Brésiliens qu'à remporter la Coupe du monde pour croire que le destin a basculé de leur côté. C'est chose faite en 1958, grâce au génie d'un footballeur de dix-sept ans surnommé « Pelé ».

Les successeurs de Kubitschek sont moins chanceux. Investi en 1961, le conservateur Jânio Quadros tient à peine sept mois avant d'abandonner le pouvoir, pour des motifs confus. Et lorsque João Goulart, un proche de Getúlio Vargas, lui succède, il s'aliène rapidement l'opposition des élites en se prononçant en faveur de la réforme agraire et du droit de vote des analphabètes. Estimant que sa base populaire lui permettra de passer en force, celui que l'on surnomme « Jango » se radicalise, perdant ses partisans modérés. L'Église se joint alors aux conservateurs pour appeler à sa chute.

En mars 1964, plus de 500000 personnes défilent à São Paulo contre le président, au nom de « la famille, avec Dieu et pour la liberté ». C'est plus qu'il n'en faut pour les militaires qui conspirent depuis des mois, avec le soutien explicite des États-Unis. Ces derniers ont en effet affrété une flotte au large des côtes brésiliennes pour apporter, en cas de besoin, un soutien logistique aux insurgés. C'est l'opération *Brother Sam*. Le président Johnson est d'ailleurs le premier à reconnaître le coup d'État contre Jango le 31 mars 1964 et la nomination à la tête de l'État du général Castelo Branco.

Avec l'établissement de la dictature, le Brésil annonce un mouvement qui s'étendra à la majorité des pays voisins, avec une cruauté particulière en Argentine et au Chili. Moins meurtrier, le régime brésilien est souvent considéré en Europe comme un simple régime autoritaire qui sut ouvrir la voie à un développement économique extraordinaire.

Pendant dix ans, la croissance dépasse 10 %, d'où le surnom de « miracle économique ». Contrairement à leurs homologues argentins et chiliens, les militaires brésiliens ont un projet de développement nationaliste autour d'un réseau d'entreprises publiques. L'inflation est maîtrisée, la dette extérieure semble sous contrôle, alors que l'objectif premier est l'intégration du nord du pays, en particulier de l'Amazonie. L'activité économique augmente, mais le coût social est considérable. Les entreprises nationales ou étrangères ont en vue le marché de l'exportation ou les quelque 20 % des Brésiliens ayant les moyens de s'équiper. Le reste de la population est oublié. Les salaires réels s'effondrent pour permettre aux entreprises de dégager d'importantes marges.

Sur le terrain politique, la chasse aux sorcières des premiers temps tourne à la répression féroce à partir de 1968, avec l'Acte institutionnel n° 5 (AI-5), qui ordonne la fermeture du Congrès, déclare l'état de siège et introduit la censure préventive sur la presse, la musique et le cinéma. Un « coup d'État dans le coup d'État ». Le jour suivant la promulgation de l'AI-5, en forme de protestation, le quotidien *Jornal do Brasil* dédie sa « une » aux prévisions météorologiques sous le titre « Temps obscur, température suffocante, l'air est irrespirable ».

À la télévision, la censure n'est pas nécessaire : née en même temps que le régime militaire, la Rede Globo affiche

José Dirceu, Raspoutine de la gauche brésilienne

Pour une partie de la gauche, c'est le héros de 1968, qui a tenu tête à la dictature, bâti le Parti des travailleurs et porté Lula à la présidence. Pour la droite, c'est un intrigant, un délinquant, l'homme à abattre. La vie de José Dirceu est un roman, il le dit lui-même : « Comme un chat, j'ai sept vies, j'en ai épuisé quatre, il m'en reste trois. »

À l'université de droit, le jeune homme étudie peu, multiplie les conquêtes féminines, mais, pétri de culture communiste, s'impose comme le leader du mouvement étudiant. Depuis l'instauration de la dictature en 1964, le Brésil est sous une chape de plomb. Un revolver à la taille, « Zé » fait partie des militants traqués par le régime. En 1968, les militaires l'arrêtent. C'est pratiquement une condamnation à mort. L'année suivante, coup de théâtre : il fait partie du groupe de prisonniers politiques échangé contre l'ambassadeur américain Charles Elbrick, tout juste kidnappé. Ils sont bannis, déchus de leur nationalité et envoyés au Mexique.

Dirceu s'installe alors à Cuba, dans une Havane survoltée par la Tricontinentale et convertie en centre de formation pour guérilleros. Il y apprend le maniement des armes et la discrétion, avant de revenir clandestinement au Brésil, en 1975, le visage métamorphosé par la chirurgie esthétique. Les pommettes relevées, l'arc du nez accentué, il est prêt à s'inventer une troisième vie, dans le petit bourg de Cruzeiro do Oeste, dans le Paraná intérieur.

Officiellement chef d'entreprise spécialisé dans le textile, celui qui se présente désormais sous le nom de Carlos Henrique Gouveia de Melo se marie, a un fils, et n'avise jamais sa mère de son retour au pays. Le jour de l'amnistie, en 1979, il brandit un journal à sa femme Clara : elle peut y lire la liste des exilés politiques autorisés à revenir au Brésil. Parmi eux, un dangereux José Dirceu. « C'est moi », lâche-t-il. Clara le quitte.

Mais la vie l'appelle de nouveau ailleurs. Un détour par La Havane, pour une nouvelle opération de chirurgie esthétique, lui permet de retrouver ses traits. La lutte armée n'est plus qu'un souvenir. En 1980, « Zé » est l'un des créateurs du Parti des travailleurs, avec une obsession, celle de faire élire Lula. L'ex-métallo est un aimant pour le peuple, « Zé », un formidable chef de campagne. Lorsqu'il est élu en octobre 2002, Lula en fait son bras droit.

En 2005, ses opposants l'accusent d'avoir mis sur pied un système d'achat de votes de députés au sein du Congrès. Appuyés par la presse, ils font vaciller Lula, qui finit par le lâcher. Le procès du « *mensalão* » (le « grand pot-de-vin mensuel ») dure plus de sept ans, et scandalise les juristes par l'absence de preuves. Le 15 novembre 2013, alors que les recours ne sont pas encore épuisés, le président de la Cour suprême, cédant aux sirènes d'une justice-spectacle, ordonne son emprisonnement. Inéligible jusqu'en 2015, et derrière les barreaux, « Zé » assure qu'il n'a pas dit son dernier mot...

son soutien au gouvernement, appuyant sa propagande d'un nationalisme exacerbé. La victoire du Brésil à la Coupe du monde de 1970 à Mexico – premier pays à avoir remporté trois « Mundial », il conservera la coupe Jules Rimet – est exaltée, tandis que le régime répète : « Le Brésil, aimez-le ou quittez-le ». C'est moins un libre choix qu'une contrainte. Des milliers d'opposants choisissent l'exil, mais ils sont encore nombreux à croire possible de lutter dans le pays, certains de façon pacifique, d'autres, par les armes. Tous le payeront cher.

Le Service national d'information (SNI) dresse des dossiers sur tous les « ennemis de l'intérieur ». Le mouvement étudiant est anéanti, les guérillas, écrasées. La torture devient systématique lors des interrogatoires. La répression franchit les frontières : dans le cadre de l'opération *Condor*, qui réunit toutes les dictatures du Cône sud-américain, les agents brésiliens traquent aussi les opposants au Chili, en Argentine et au Paraguay. Ils n'hésitent pas à rendre la pareille à leurs homologues lorsqu'ils mettent la main sur un militant de gauche étranger.

En 1975, la mort du journaliste Wladimir Herzog, que les militaires tentent de maquiller en suicide, soulève un tollé. Parmi les quelque cinq cents assassinats perpétrés par le régime, c'est l'un des plus connus. Il ouvre la voie à la politique dite de « *distensão* » (« détente »). Dans les années qui suivent, les militaires vont progressivement organiser leur sortie de la scène politique. Une fois de plus, le Brésil affiche son originalité, faisant l'économie d'une rupture.

Du rétablissement de la démocratie à Lula, « sans crainte d'être heureux », puis à Dilma

Pour la première fois dans l'histoire brésilienne, les exactions du régime militaire ne se limitent pas aux classes populaires. Les jeunes des classes moyennes, qu'ils s'enrôlent dans la lutte clandestine ou se soulèvent contre la censure, connaissent la torture, la prison, la mort ou l'exil.

En démocratisant la répression, les militaires s'aliènent l'opinion publique, surtout quand le « miracle économique » montre ses limites, dans la seconde moitié des années 1970. Le chômage augmente, l'inflation est hors de contrôle et les accusations de corruption se multiplient. Une bonne partie des laissés-pour-compte se concentre dans la banlieue industrielle de São Paulo, où le mouvement syndical organise des grèves spectaculaires dans les années 1978-1980. Parmi ses leaders, on distingue déjà le président du syndicat des métallurgistes de São Bernardo do Campo, un jeune homme fort à la barbe fournie. Il s'appelle Luiz Inácio Lula da Silva, mais pour tous il est « Lula ». L'Église, qui compte de nombreux évêques progressistes, est résolument contre le régime.

Aux côtés des journalistes, artistes, syndicalistes, les militants du MDB (Mouvement démocratique brésilien), seul parti d'opposition toléré par la dictature – dont les partisans sont réunis dans l'Arena (Alliance pour la rénovation nationale) –, lancent une campagne civique nationale de grande ampleur pour exiger l'organisation d'élections directes « tout de suite », « *Diretas já!* », en 1984. Pour les militaires, c'est la fin. Mais les élites conservatrices ne sont pas prêtes à tout perdre. Elles parviennent à s'opposer aux élections directes (le président sera choisi par un collège électoral), mais font une erreur dans le choix de leur candidat : Paulo Maluf, riche industriel d'origine libanaise et ancien maire de São Paulo, un politicien corrompu incapable de capitaliser les espoirs de renouveau, qui finit même par diviser le camp officiel. Le 15 janvier 1985, c'est le candidat d'opposition Tancredo Neves qui remporte l'élection, tournant la dernière page de vingt et un ans de dictature.

L'euphorie est pourtant de courte durée. Le 14 mars, la veille de son investiture, le vieux Tancredo est hospitalisé d'urgence. Opéré sept fois, il succombe, le 21 avril, à une septicémie, au terme d'une agonie suivie par tout le pays. Le retour à la démocratie ne pouvait être plus funeste. D'autant que le vice-président qui lui succède n'est autre que José Sarney, un cacique du nord du pays, intime des militaires.

De 1985 à 2002, la démocratie brésilienne se réinstalle, prouvant sa solidité malgré des turbulences que l'on croyait fatales. En 1992, le pays découvre avec effroi que Fernando Collor, le fringant président élu pour en finir avec la corruption, a détourné des millions ! Alors que le Congrès s'apprête à le destituer, Collor démissionne et est remplacé par son vice-président, Itamar Franco. Les années 1980 et la première moitié des années 1990 sont marquées par l'inflation galopante. Les gouvernements se succèdent, multipliant les plans économiques. En vain. Un cauchemar pour toutes les classes sociales.

Devenu ministre de l'Économie, le sociologue Fernando Henrique Cardoso est l'artisan de la stabilisation. En 1994, il met en place le « plan real » qui, en quelques mois, met fin à la valse des étiquettes. Il profite de ce succès pour se lancer dans la course à la présidence en octobre de la même année. Reconnaissants, les Brésiliens lui donnent la victoire dès le premier tour, contre Lula, pourtant parti favori. En 1998, « FHC » double la mise à l'issue de manœuvres peu honorables. Le gouvernement achète le vote de plusieurs députés pour obtenir une modification de la Constitution, qui interdisait jusqu'alors la réélection, et cache aux Brésiliens l'ampleur de la crise économique. Quelques jours après le scrutin, il annonce la dévaluation du real, alors que la dette explose.

Pendant ses deux mandats, l'économie se stabilise, mais l'État, qui en était un acteur majeur depuis Getúlio Vargas, en sort fragilisé. FHC organise la privatisation de pans entiers de l'économie, et, avec elle, une foire aux pots-de-vin. Dans les campagnes, la répression contre les mouvements sociaux est renforcée, comme en témoigne le massacre de dix-neuf paysans en avril 1996 dans le sud du Pará. Dans les villes, l'explosion de l'insécurité témoigne des inégalités croissantes. Lorsqu'il quitte le pouvoir en 2002, Cardoso, reconnu à l'étranger pour sa prestance et son français impeccable, est très impopulaire dans son pays qui a soif de changement.

Après trois tentatives infructueuses pour Lula, les Brésiliens lui donnent sa chance, de façon spectaculaire. Au second tour, plus de 60 % des électeurs plébiscitent l'ouvrier sidérurgiste qui a, il est vrai, poli son image. La barbe noire en bataille est devenue grise et bien coupée, les imprécations du syndicaliste ont laissé place à un Lula qualifié avec son assentiment de « *paz e amor* » (« paix et amour »). En 2002, Lula accepte des alliances auparavant jugées contre nature, au-delà du camp progressiste. Il s'engage à ne pas remettre en cause le legs économique de ses prédécesseurs, même s'il le qualifie d'« héritage maudit ». Il s'agit de rassurer les classes moyennes, et de pousser les plus pauvres à faire l'inimaginable : cesser de voter pour un « patron », pour choisir quelqu'un qui leur ressemble.

Pendant longtemps, la biographie de Lula a été un frein à l'adhésion des couches les plus populaires. Comme beaucoup d'entre eux, il a fui le Nordeste aride, poussé par la faim, et a passé son enfance à travailler dans la rue, vendant des oranges et du tapioca, ou cirant des chaussures. À l'école, il n'a pas été au-delà du brevet. Amoureux et jeune marié, il affronte une tragédie banale parmi les plus pauvres : privée de soins, sa première femme, Maria de Lourdes, meurt en couches, ainsi que son bébé.

Comment imaginer que cet homme fera mieux à la tête du pays que tous les « docteurs » formés à l'étranger ? Le 1er janvier 2003, date de son entrée en fonction, une marée humaine envahit l'esplanade des Trois-Pouvoirs à Brasília, montrant que le pays est prêt à y croire. La foule est vêtue de rouge et entonne le slogan du Parti des travailleurs : « *Sem medo de ser feliz* » (« sans crainte d'être heureux »).

Si sa modération déçoit ses partisans sur sa gauche, Lula parvient à gagner une popularité inédite dans l'histoire du Brésil, notamment grâce à sa politique sociale, et à cette nouvelle image, positive, que les plus pauvres ont d'eux-mêmes, l'« *autoestima* ». Réélu en 2006, Lula résiste à la tentation de changer la Constitution pour briguer un troisième mandat, et parvient à faire élire en 2010 sa chef de la Maison civile, l'équivalent brésilien de Premier ministre, Dilma Rousseff.

Également membre du Parti des travailleurs, cette fille d'un émigré bulgare et d'une institutrice de Rio de Janeiro n'a certes pas le charisme de son mentor, mais son histoire de jeune militante tôt engagée contre la dictature suscite le respect dans les classes moyennes. Une photo, révélée par une biographie publiée en 2012, résume sa détermination. Sur ce cliché de 1970, on la retrouve mince, belle, presque méconnaissable. Dilma, âgée de vingt-deux ans, comparaît devant le tribunal militaire de Rio de Janeiro. Alors que la majorité des prévenus détournent la tête face aux photographes, elle toise l'objectif. À l'arrière-plan, les militaires dissimulent leurs visages de la main.

Très populaire les deux premières années, Dilma Rousseff doit, en 2013, affronter les plus grandes manifestations populaires des vingt dernières années. Son gouvernement n'a pas perçu qu'après dix ans de politiques sociales et d'augmentation des revenus, les Brésiliens, devenus plus exigeants, aspiraient à un nouveau statut, celui de citoyens.

3 La terre au cœur des conflits

STRUCTURE AGRAIRE
SANS-TERRE
RÉFORME AGRAIRE
AGRICULTURE FAMILIALE
RUÉE VERS L'OR
ENVIRONNEMENT
DÉFENSE DES INDIENS

FACE AUX TOURS de São Paulo, on en oublierait presque le monde rural. Pourtant, malgré le boom industriel, l'envolée du secteur des services et l'urbanisation galopante, la société brésilienne reste marquée par l'exploitation de la terre. Les capitaux qui ont fleuri le long de l'avenue Paulista, le grand axe financier de la métropole, sont le fruit de l'exploitation du café. La spéculation immobilière est une conséquence des cours records du soja ou de l'éthanol. La main-d'œuvre des usines est constituée d'anciens ouvriers agricoles, tout comme les miséreux qui peuplent les favelas. Les mécanismes du pouvoir, enfin, sont un héritage direct des barons du sucre, du café ou de l'élevage. Dans un pays où l'hyperinflation a souvent détruit l'épargne de générations entières, la terre est une valeur sûre pour laquelle il faut se battre.

Une distribution des terres foncièrement inégale

En optant pour une colonisation gérée par des capitaines, la Cour portugaise ébauche les contours d'un territoire concentré entre les mains d'une poignée de grandes familles.

Dès 1532, le roi Jean III généralise un système de concessions de la terre, divisée en *sesmarias*, surfaces d'une lieue carrée, soit 4356 hectares.

Exploités de façon primaire, par défrichement et brûlis, les sols sont rapidement épuisés. Tous les dix ans, il faut chercher plus loin d'autres terres fertiles, et incorporer de nouvelles *sesmarias* aux territoires déjà acquis. C'est l'origine du *latifundio*. Ce choix historique se perpétue. À l'abolition de l'esclavage en 1888, les affranchis n'ont droit à aucune terre. La majorité des immigrants arrivés à la fin du XIXe siècle s'en verront également privés. La révolution de 1930 et le

Le massacre de Canudos ou l'étouffement d'une résistance dans le sertão

L'instauration de la République en 1889 n'a rien changé dans le Nordeste. Le quotidien des *sertanejos*, les habitants du sertão, ces terres frappées par la sécheresse dans l'arrière-pays de Bahia, reste marqué par la misère et la violence. Un terreau idéal pour les « messies ».

C'est dans ce contexte que surgit Antonio Maciel, sorte de bandit prédicateur. Il sillonne les campagnes de Bahia et du Pernambuco, en se présentant comme un homme de Dieu envoyé pour en finir avec les inégalités sociales. Ses discours séduisent des milliers de paysans, qui s'établissent à Canudos, sur une montagne dominant la vallée du São Francisco. Surnommé « *o conselheiro* », « le conseiller », Antonio Maciel y crée une coopérative, organisant la culture et l'élevage en communauté. Regroupés, les paysans ont pour la première fois une véritable capacité de négociation face aux commerçants et aux grands propriétaires.

Une situation intolérable pour les élites locales : la coopérative augmente leurs coûts et leur fait perdre une main-d'œuvre docile en attirant toujours plus de bras. Ils arment une milice pour en finir avec le mouvement. Contre toute attente, elle est refoulée. Les grands propriétaires font appel au gouvernement de Bahia, qui, face à la résistance des *sertanejos*, a recours à l'armée de la République. Rio de Janeiro envoie ses hommes, sous prétexte d'en finir avec un « bastion de la monarchie ». Dans ses harangues, le « conseiller » s'en prend en effet aux « péchés de la République », comme le mariage civil. Il faudra une décennie (1889-1898) et quatre campagnes militaires pour venir à bout de ce foyer de rébellion. Soucieux de marquer les esprits, les soldats ne laissent aucun survivant, n'épargnant ni les vieillards, ni les femmes, ni les enfants.

L'épisode illustre l'absence d'intérêt des gouvernants pour toutes les questions sociales. À l'instar des grèves ouvrières quelques années plus tard, les revendications pour l'amélioration des conditions de vie (plus d'emploi, de liberté d'expression, accès à l'éducation et à la santé) sont considérées comme des problèmes de police par le gouvernement républicain. Leurs porte-parole sont donc traités en délinquants.

Bien que confiné aux lointaines terres du Nordeste, ce premier mouvement de résistance a un important retentissement dans l'opinion publique, grâce à la diffusion des reportages de l'écrivain-journaliste Euclides da Cunha (1866-1909). Son chef-d'œuvre, *Os Sertões*, décrit en plusieurs tomes le quotidien sur ces terres arides, et notamment la résistance de Canudos. Pour la première fois, la population urbaine prend conscience de l'existence d'un Brésil de l'intérieur.

boom industriel conséquent constituent une autre occasion perdue. En 1964, lorsque le président João Goulart envisage une réforme agraire, il est renversé par les militaires. Le rétablissement de la démocratie, en 1985, suscite de nouvelles illusions. Cette fois, ce sont les vents du néolibéralisme, peu favorables aux rêves de distribution collective, qui étouffent les espoirs des petits paysans.

Au XXe siècle, la campagne brésilienne reste globalement ce qu'elle a toujours été : de vastes étendues détenues par quelques grands propriétaires, sur lesquelles travaillent des ouvriers agricoles pour des salaires de misère, d'autant plus incapables de prétendre à autre chose qu'ils sont analphabètes. En 1963, lorsque les paysans organisés arrachent au gouvernement le « statut du travailleur rural », la nouvelle législation est jugée subversive par les barons de la terre. Elle n'oblige pourtant qu'à une minuscule couverture sociale, à un repos hebdomadaire et au paiement du salaire en espèces et non en bons d'achat dans les magasins du patron. Dans certaines terres, c'est ce type de rétribution qui maintient les travailleurs dans des conditions proches de l'esclavage.

Comme partout dans le continent sud-américain, la structure agraire du Brésil est dominée par le *latifundio,* terre énorme et sous-exploitée. En 1985, date du dernier recensement agricole, seules 1 % des propriétés rurales avaient une surface supérieure à cent hectares. Mais elles concentraient à elles seules 44 % de la terre cultivable. Dans les États du nord du pays, certaines exploitations comptent des millions d'hectares. Rarement acquises de façon honnête, ces terres sont souvent confisquées par le puissant local, qui falsifie des titres de propriété. Dans l'État d'Amazonas, l'un des propriétaires s'enorgueillissait d'être à la tête de plus de 12 millions d'hectares (l'équivalent du Portugal et de la Suisse réunis !).

Les propriétaires optent pour l'élevage, laissant paître des milliers de têtes sur une terre par ailleurs souvent négligée, avec une productivité très basse. En face, des millions de micro-exploitations peinent à survivre, occupées par un nombre trop important d'ouvriers agricoles du fait de la pénurie des terres et mal reliées aux circuits commerciaux. Seule une partie des exploitations, de taille moyenne, échappent à cette dichotomie, et fournissent l'essentiel de la production alimentaire.

La réforme agraire est en panne. En 2011, première année du mandat de Dilma Rousseff, 22 000 familles se sont vu attribuer des terres expropriées. C'est moitié moins qu'au temps du conservateur Fernando Henrique Cardoso (43 000 familles en 1995), et inférieur au chiffre décevant de Lula, en 2003 (36 000 familles). La déception est d'autant plus grande que la réforme agraire dépend en grande partie du pouvoir exécutif. La loi autorise à exproprier les terres non cultivées ou peu cultivées, en se fondant sur un indice de productivité qui n'a plus été revu depuis 1975. Or l'agriculture brésilienne est de celles qui ont le plus progressé ces trente dernières années. Soucieuse de ne pas déplaire aux grands propriétaires ni aux députés et sénateurs qui les représentent, Dilma Rousseff n'a pas signé le décret d'actualisation de cet indice, sur son bureau depuis 2011.

Le mouvement des paysans sans terre

Depuis les années 1960 et 1970, l'inégale distribution de la terre alimente des tensions toujours croissantes. La mécanisation puis l'arrivée de paysans du Sud dans les États du Pará, Rondônia, et Mato Grosso pour cultiver le soja ont chassé l'agriculture familiale encore majoritaire dans ces régions. L'industrie des villes absorbe une partie de cette main-d'œuvre, mais les crises économiques les condamnent au chômage.

Ce sont les militants de la Commission pastorale de la terre (CPT), une aile progressiste de l'Église catholique, qui commencent à organiser cette main-d'œuvre rurale sans-terre. Influencés par les grandes grèves ouvrières de 1978 et 1979, qui donnent jour au Parti des travailleurs en 1980 et à la CUT (Centrale unique des travailleurs), principale confédération syndicale du pays, en 1983, ces groupes mêlant religieux et laïcs commencent, dès la fin des années 1970, à occuper des terres dont les titres sont falsifiés par leurs prétendus propriétaires. Ils obtiennent leurs premières victoires en arrachant à l'État le droit de s'y installer. Le *modus operandi* du Mouvement des travailleurs ruraux sans terre (MST) était né, même si son premier congrès n'aura lieu qu'en 1985.

Dès les premiers temps, le succès du MST s'explique par son originalité. Ni parti, ni syndicat, il se définit comme une organisation populaire : les paysans participent aux mobilisations en famille. Pourtant, sa structure est syndicale. La possibilité de conquérir un lopin est liée à la motivation qui pousse une famille à participer à l'occupation d'une terre et à y camper pour un temps indéterminé : c'est l'étape de l'*acampamento* qui peut durer quelques heures si la police intervient pour déloger les occupants, ou des années, le temps pour la justice de délivrer son verdict. Les paysans ciblent en effet les terres qu'ils jugent improductives, dont les titres de propriété sont usurpés et qui devraient, si la loi était réellement appliquée, être expropriées et redistribuées à des sans-terre.

Lorsqu'ils obtiennent gain de cause, ils transforment l'*acapamento* en *assentamento*, ensemble de terres cultivées de façon collective, par le biais de coopératives. Les enfants sont scolarisés sur place et les tâches, divisées entre les adultes de façon paritaire, la direction imposant que 50 % des cadres soient des femmes. Le MST se distingue des autres mouvements paysans en s'alliant à d'autres groupes progressistes, construisant ainsi une solidarité face à des ennemis communs, le latifundiste et l'État qui défend ses intérêts. Ainsi le Parti des travailleurs, d'abord profondément ouvrier, a-t-il fait de la réforme agraire l'une de ses revendications.

Un quart de siècle après la naissance du mouvement, sa principale réussite est la formation, technique, politique et culturelle. Dans un Brésil où la télévision cultive l'apathie des masses, le MST inculque la notion de lutte des classes à 75 000 enfants, multiplie les formations dans tous les États. En 2005, il a inauguré une université, ouverte à tous les Latino-Américains, située à une heure de São Paulo. Cette capacité à disséminer une culture antihégémonique et à alimenter la rébellion lui vaut la détestation des secteurs conservateurs et de la grande presse.

L'idéal est réaffirmé tous les matins au réveil par une véritable liturgie, appelée « *mistica* ». Au cours de la cérémonie, l'on célèbre tous les héros historiques des luttes populaires, on lève le drapeau rouge sur lequel figure une famille de paysans, le poing levé vers le ciel. Faisant appel à la musique et au théâtre, les militants invoquent les grands noms d'Ernesto Che Guevara, Fidel Castro, Chico Mendes mais aussi les centaines de paysans morts pour la cause. Tombés sous les balles des forces de l'ordre ou exécutés par des tueurs à gages, au moins 1 800 militants de la réforme agraire sont morts depuis les années 1970. L'un des épisodes les plus connus est le massacre d'Eldorado dos Carajás, le 17 avril 1996, au cours duquel dix-neuf paysans ont trouvé la mort, tués à bout portant par la police durant une manifestation pacifique dans l'État du Pará, en Amazonie.

Injuste « justice »

Plus de dix ans après le massacre d'Eldorado dos Carajás, l'impunité est totale. Les soldats de la police militaire ont été acquittés, et les deux seuls commandants ayant été jugés et condamnés ont été libérés depuis. Les responsables politiques du massacre n'ont jamais été inquiétés.

Un autre épisode illustre bien la complicité entre juges et caciques : l'assassinat de Dorothy Stang, une religieuse d'origine américaine. En février 2005, sœur Dorothy, menacée depuis des mois par les grands propriétaires locaux, a été abattue à proximité de son village, en pleine Amazonie, à l'âge de soixante-treize ans. Sa nationalité américaine incite la police à poursuivre ses meurtriers, alors que ce type d'affaires est en général classé sans suite. En 2007, le donneur d'ordre de l'assassinat est condamné à trente ans de prison... Depuis, il multiplie les recours et pressions jusqu'à la Cour suprême pour échapper à la prison.

Dans un pays fédéral comme le Brésil, la justice dépend de magistrats locaux, souvent grands propriétaires terriens eux-mêmes, en tout cas proches des entrepreneurs de la région. Il est commun de les voir lancer des procédures à l'encontre des militants des mouvements sociaux, en particulier contre les défenseurs des paysans sans terre et des communautés indigènes.

Le complexe agro-industriel est un rouleau compresseur dans le paysage brésilien, mais l'agriculture familiale reprend des couleurs, avec le soutien du gouvernement. Contrairement à une idée répandue, elle n'assure pas seulement une fonction de subsistance des petits paysans. La plupart des produits qui se retrouvent dans l'assiette des Brésiliens en proviennent. C'est le cas de 67 % des haricots et de 89 % du manioc, ingrédients de base de l'alimentation, mais aussi de 56 % du lait, de l'essentiel des tomates, oignons, laitues, pommes de terre, maïs, bananes ou ananas. Son poids en termes d'emploi est loin d'être négligeable, avec plus de 4 millions de producteurs, dont 440000 dans le Rio Grande do Sul. Dans cet État agricole du sud du pays, les richesses produites par les exploitations familiales dépassent souvent celles de l'industrie agroalimentaire.

Conscients de cette importance, les gouvernements de Lula et Dilma ont renforcé et diversifié le Programme d'appui à l'agriculture familiale (Pronaf), créé en 1995 par le gouvernement précédent, en octroyant plus de crédits et de soutien technique aux agriculteurs. Ces aides ont encore été accentuées en 2008 du fait de la crise alimentaire mondiale qui a provoqué une brutale hausse des prix des produits de base.

L'impact de la ruée vers l'or

— L'agriculture n'est pas le seul attrait de la terre. À partir du début du XVIIIe siècle, la découverte de gisements d'or dans la région qui correspond aujourd'hui aux États du Minas Gerais, de Goiás et du Mato Grosso provoque un nouveau flux de colonisation.

La ruée vers l'or prend toutefois une forme bien différente de celle qui aura lieu aux États-Unis un siècle plus tard. Ici, la main-d'œuvre est constituée d'esclaves, enlevés aux plantations de sucre, alors en déclin, pour creuser la terre et fouiller les fleuves. Vers 1750, on en compte plus de 100 000 dans les mines. C'est la découverte de gisements d'or et de diamants qui a donné naissance, en 1720, à une nouvelle capitainerie, celle du Minas Gerais, c'est-à-dire « les mines générales ». Alors que le Brésil n'attirait jusque-là que de rares aventuriers du Portugal, ces nouveaux filons changent la donne. Au XVIIIe siècle, la population brésilienne décuple, passant de 300 000 à plus de 3 millions d'habitants. Cet afflux a donné naissance à des cités coloniales uniques, dont l'architecture baroque a été préservée, ou restaurée : Ouro Preto, Diamantina, São João del Rei, et surtout Tiradentes.

On retrouve la même sensation de remonter le temps à Goiás Velho et à Pirenópolis, deux bourgades situées plus à l'ouest. La première, aujourd'hui classée au patrimoine historique de l'humanité par l'UNESCO (Organisation des Nations unies pour l'éducation, la science et la culture), est, à l'époque, la capitale de la capitainerie de Goiás. Elle accueille à ce titre l'administration chargée de contrôler la quantité d'or amassé avant d'en acheminer un cinquième au Trésor royal, comme l'exige Lisbonne. Une loi fréquemment détournée : selon les estimations officielles, un million de kilos d'or sont produits au XVIIIe siècle; au moins le double est écoulé en contrebande. À l'apogée de l'exploitation, Goiás Velho est à l'avant-garde intellectuelle, doté d'un lycée, d'une université, de journaux, en phase avec les modes de Rio de Janeiro, devenue capitale du Brésil et passage obligé de tous les métaux précieux.

La seconde, Pirenópolis, tout aussi charmante, est aujourd'hui fameuse pour sa *Festa do divino*, « fête du divin », à l'époque de la Pentecôte. Importée du Portugal, cette célébration surréaliste met en scène l'époque médiévale, que le Brésil n'a jamais connue, à travers des batailles entre Maures et chrétiens.

La ruée vers l'or n'a pas laissé qu'un brillant héritage. Toujours d'actualité, en particulier en Amazonie, dans les États du Pará, Mato Grosso et Roraima, elle rime souvent avec dévastation, et laisse derrière elle des paysages lunaires. Venus traquer les pépites d'or dans les alluvions, les « *garimpeiros* », comme on appelle les orpailleurs, s'entassent près des cours d'eau dans des conditions de vie misérables. Pour travailler, ils commencent par déboiser le site et provoquent une déforestation souvent irrémédiable. Au besoin, ils détournent les cours d'eau qui les intéressent et creusent tout autour des fosses d'exploitation. Pour détecter l'or, ils ont recours à de grandes quantités de mercure, qui, rejetées dans les rivières, provoquent des empoisonnements. Les populations indigènes sont les premières victimes, touchées par la contamination des eaux polluées, et brutalement délogées par les *garimpeiros*. Le phénomène s'est étendu à la Guyane française, frontalière de l'État de l'Amapá.

Chaque mois, c'est le même constat : en moyenne, plus de 1 000 km^2 d'arbres – l'équivalent de la ville de Rio de Janeiro – sont décimés en Amazonie. Pendant près d'un demi-siècle, les politiques se sont montrés incapables de contenir le saccage. Il suffit que la croissance économique reprenne pour que des pans entiers de la forêt s'envolent en fumée. La culture du soja, de la canne à sucre et l'élevage sont les principaux responsables du désastre, soit de façon directe, en occupant des espaces gagnés illégalement sur la forêt, soit en remplaçant, dans des régions plus tempérées, d'autres cultures, alors repoussées sur les terres tropicales amazoniennes. Parallèlement, des centaines d'entreprises coupent du bois au mépris de la loi : 80 % de la production est illégale.

La capacité de réaction du gouvernement est faible : l'immensité du territoire rend les contrôles difficiles, et les amendes, quand elles sont honorées, sont très inférieures aux gains engendrés par la fraude. En outre, l'action de l'État fédéral n'est pas toujours relayée localement. Dans le Mato

Chico Mendes, le martyr de l'Amazonie

Francisco Alves Mendes de Almeida, dit Chico Mendes, est né en 1944 dans la petite ville de Xapurí, dans l'État amazonien d'Acre, à la frontière avec la Bolivie. Fils et petit-fils de *seringueiros*, les ouvriers chargés de recueillir le caoutchouc dans les plantations d'hévéas d'Amazonie, il commence à travailler à l'âge de neuf ans, avant qu'un mystérieux fuyard, militant communiste, lui apprenne à lire et à écrire.

La culture politique inculquée par le tuteur incite le jeune *seringueiro* à organiser ses pairs pour améliorer leurs conditions de travail, intenables dans les années 1960. La concurrence asiatique a fait plonger les cours du caoutchouc brésilien, contraignant les petits propriétaires à céder leurs terres à de gros éleveurs. Ces derniers en chassent les *seringueiros* pour installer leur bétail. Le jeune Chico convainc ses collègues d'opter pour une résistance non violente et se lance en politique, au sein du Parti des travailleurs de Lula, créé en 1980. Peine perdue : dans l'Acre, la politique est aux mains de quelques grands propriétaires qui achètent les voix pour s'imposer.

Le *seringueiro* change de stratégie et rejoint le mouvement vert, à ses balbutiements au Brésil. Pour les écologistes, c'est une aubaine : accusés de faire partie d'une élite coupée du monde, fanatique de la faune et de la flore, ils trouvent en Chico Mendes une nouvelle voix, capable de défendre l'Amazonie et la cause de milliers de travailleurs. Le militant préconise la création de réserves forestières, gérées par les communautés traditionnelles, pour produire notamment du caoutchouc et des noix du Brésil tout en respectant l'environnement : moins de 5 % de la superficie pourrait être défriché.

Chico Mendes est invité dans le monde entier pour expliquer cette Union des peuples de la forêt, qui veut fondre les intérêts des *seringueiros* et ceux des Indiens. À ses côtés dans la lutte se tient la jeune Marina Silva, ancienne *seringueira*, analphabète jusqu'à l'âge de seize ans avant de devenir historienne, sénatrice puis ministre de l'Environnement du gouvernement Lula pendant cinq ans. En 2010, sa candidature à la présidentielle attirera 20 millions de voix.

L'exposition médiatique de Chico Mendes ne suffit pas à le protéger. Menacé de mort par de grands propriétaires terriens, il est abattu sur le seuil de sa maison le 22 décembre 1988. Le procès de ses assassins, l'année suivante, est suivi dans le monde entier. La justice finit par condamner un propriétaire local, Darly Alves da Silva, et son fils Darci. Par la suite, le gouvernement brésilien supprima les crédits à l'implantation de pâturages en Amazonie. Mais vingt-cinq ans après la mort de Mendes, l'héritage est amer : dans la réserve qui porte son nom, à peine 10 % des paysans continuent à extraire du caoutchouc de façon durable. Les autres préfèrent l'élevage ou la coupe de bois illégale, accélérant la déforestation.

Grosso, par exemple, l'ex-gouverneur Blairo Maggi, allié politique du président Lula, est le premier exportateur de soja au monde. Surnommé « Soja Majesté », il refuse d'entendre parler d'un quelconque frein à la déforestation. L'État d'Amazonas essaie en revanche de limiter la destruction, en ajoutant à la répression des incitations financières. Il a créé une *bolsa floresta*, « bourse forêt », une subvention versée aux familles qui s'engagent à ne plus couper d'arbres. Le trafic de bois est souvent en effet l'une des seules ressources des populations locales, en l'absence d'emploi formel.

En décembre 2008, le président Lula a créé la surprise en fixant au Brésil des objectifs de réduction de la déforestation, première cause des émissions de gaz carbonique dans le pays. Dilma Rousseff a poursuivi sur cette lancée. En huit ans, le rythme de la déforestation a diminué de 83 %, avec un objectif de 5 000 km² par an en 2018. Le Brésil devient ainsi le premier pays en voie de développement à s'imposer des normes internes de réduction des émissions, à rebours de la Chine et de l'Inde.

La difficile bataille des militants de l'environnement et des défenseurs des Indiens

— Comment concilier croissance économique et protection de l'environnement ? Pour l'heure, le Brésil n'a pas de réponse. Pressés par les lobbies et la nécessité de fournir aliments, énergie et emplois à une population en plein développement, les gouvernements cèdent.

Le Parti des travailleurs de Lula s'est toujours dit opposé à l'introduction des organismes génétiquement modifiés (OGM). Pourtant, à la tête de l'État depuis à peine quelques mois, l'ex-syndicaliste les autorise. Dans la foulée, il envisage la relance du programme nucléaire et ordonne le détournement des eaux du São Francisco pour assouvir les besoins en électricité. En 2001, la reprise économique avait été stoppée net par une pénurie d'énergie. Depuis, plus aucun politique n'est prêt à prendre ce risque. Plusieurs usines hydroélectriques monstres doivent être construites, en particulier sur les fleuves d'Amazonie. Tant pis si les barrages inondent des terres occupées par des tribus indigènes ou condamnent des millions de poissons...

La bataille des militants de l'environnement est d'autant plus difficile qu'elle ne les oppose pas seulement aux traditionnels caciques conservateurs et aux géants du soja et des mines. Au nom du développement, des économistes estampillés « progressistes » voient aussi d'un mauvais œil les revendications écologistes.

En mai 2008, la Fondation nationale brésilienne de l'Indien, la Funai, viole un tabou en divulguant une série de photos d'une tribu isolée, dans l'État d'Acre, à la frontière avec le Pérou. On y voit des Indiens à moitié nus, le corps recouvert de peinture, menacer de leurs arcs l'avion qui les photographie. Les clichés font la une de la presse mondiale. Pour la Funai, leur présence dans cette clairière n'est pas une surprise. Cela fait vingt ans qu'elle les observe ainsi que plusieurs autres (l'organisation dénombre près de soixante-dix tribus totalement coupées du monde), en prenant soin de ne jamais s'en approcher.

Les précédentes tentatives lui ont enseigné que le moindre contact, même nourri de bonnes intentions, conduit à leur mort. Non immunisés contre les maladies venues de l'extérieur, les Indiens sont terrassés, même si l'échange avec les étrangers ne dure que quelques minutes. Dans leur majorité, ces Indiens dits « non contactés » sont des survivants ou des descendants de survivants de tribus qui ont décidé, il y a plusieurs décennies, de s'isoler pour se préserver. En diffusant ces photos, la Funai veut alerter le monde entier sur les risques encourus par ces populations.

« Meurs s'il le faut, mais ne tue jamais »

Descendant par son père de *bandeirantes*, ces aventuriers qui lançaient des expéditions pour capturer des esclaves ou trouver des métaux précieux, indien par sa mère, l'officier Cândido Mariano da Silva Rondon est à l'origine du changement de politique à l'égard des Indiens. Sous l'influence du positivisme, la violence contre les tribus cède le pas à un discours protecteur, voire infantilisant : il faut préserver les Indiens, jugés incapables de prendre seuls leur destin en main.

Ingénieur de l'armée, Cândido Rondon s'illustre d'abord en installant la première ligne de télégraphe dans l'État du Mato Grosso, en 1895. Puis il supervise la construction d'une route entre Rio de Janeiro et Cuiabá, la capitale du Mato Grosso, auparavant reliées par la seule voie fluviale. L'armée le charge d'installer le télégraphe en pleine Amazonie. Commencent des années d'expéditions au cours desquelles l'officier découvre une quinzaine de cours d'eau encore inconnus et dessine les premières cartes détaillées de la région – plusieurs font encore référence de nos jours.

Ses soldats ont une particularité : ils s'engagent à ne jamais agresser les Indiens, même si ces derniers les attaquent. La maxime de Cândido Rondon, « Meurs s'il le faut, mais ne tue jamais », entre dans l'histoire. Pour la première fois, le terme de « pacification » des Indiens est justifié. Connu pour être le seul étranger à se faire accepter par les tribus, Cândido Rondon est chargé, en 1914, de conduire l'expédition de l'ancien président des États-Unis, Theodore Roosevelt, curieux de découvrir l'Amazonie.

Considéré comme un héros, Cândido Rondon profite de sa renommée pour créer, en 1910, avec une poignée d'officiers également influencés par la philosophie positiviste, le Service de protection des Indiens (SPI). L'organisme a pour fonction de protéger les tribus contre les interventions extérieures et de les aider à maintenir leurs cultures traditionnelles. Parvenant à convaincre les Indiens de sa bonne foi, il obtient l'installation de gardes dans des régions frontalières.

Pour poser le pied en territoire indien, il faut l'autorisation du SPI. C'est encore le cas aujourd'hui, avec l'organisme qui a succédé à ce dernier en 1967, la Funai, la Fondation nationale de l'Indien. Dénué de moyens financiers, le SPI peine pourtant à tenir tête aux colonisateurs, qui continuent à déloger, et à exterminer s'il en est besoin, des tribus pour investir leurs terres. Au moins quatre-vingt-dix-huit d'entre elles sont rayées de la carte entre 1900 et 1967.

Quelque temps avant sa mort, à l'âge de quatre-vingt-douze ans, en 1958, Cândido Rondon est fait maréchal, la plus haute distinction militaire. Il aura vécu assez longtemps pour voir le territoire fédéral du Guaporé rebaptisé Rondônia en son honneur – le territoire deviendra un État en 1982 – mais pas suffisamment pour voir son rêve se réaliser : à la fin du XXe siècle, la population des Indiens a recommencé à augmenter.

Au Brésil comme au Pérou, des incursions de chercheurs d'or, de coupeurs de bois et de planteurs de coca dans la région provoquent des massacres. L'exemple extrême des tribus « non contactées » illustre la situation dans laquelle se trouvent souvent les quelque 896000 Indiens au Brésil. Pour les plus anciens habitants de la forêt, aujourd'hui comme au XVIe siècle, l'avancée de la colonisation se traduit par la mort violente, la maladie, ou par la chute dans la mendicité ou la prostitution, une clochardisation souvent liée à l'alcool.

La situation change avec la Constitution de 1988, qui introduit le concept de réserves, terres sur lesquelles aucune production ne peut être implantée sans le consentement des tribus locales. Mais, sur le terrain, l'esprit de la loi est loin d'être respecté, comme le montre l'histoire de la dernière grande réserve homologuée, en 2005, dans l'État du Roraima, à la frontière avec le Venezuela. Raposa Serra do Sol, littéralement « Terre du renard et montagne du soleil », est grande comme la moitié de la Belgique. Les agriculteurs qui produisaient du riz sur cette terre avant son attribution aux Indiens ont fait de la résistance, armes à la main, faisant fi des menaces de la police fédérale envoyée pour les expulser. Au Brésil, la démarcation d'une réserve implique le départ des non-Indiens, au nom de la préservation de la culture et des valeurs ancestrales des tribus. Dans leur combat, les riziculteurs bénéficiaient de l'appui du gouverneur local, qui rappelait que le riz produit sur cette terre représentait 6 % du produit intérieur brut (PIB) du Roraima, l'un des États les moins développés du pays. Il a fallu une décision de la Cour suprême, en mars 2009, pour mettre fin au litige et permettre enfin aux Indiens de chanter « *anna pata, anna yan* », « notre terre, notre mère » en macuxi, la langue de l'une des principales ethnies d'Amazonie.

Quatre ans plus tard, Raposa Serra do Sol offre un spectacle de désolation : les cultures de riz sont délaissées, les Indiens n'étant pas parvenus à les reprendre et se plaignant de l'abandon par les pouvoirs publics. Un échec qui alimente le discours des élus favorables à une loi réduisant l'importance des réserves, au nom du développement, notamment au profit des compagnies minières et d'hydrocarbures. Alors qu'il bloque la création de toute nouvelle réserve, le gouvernement de Dilma Rousseff envisage, sous la pression des complexes agro-industriel et minier, de retirer à la Funai le monopole de la décision quant aux droits des Indiens sur leurs terres ancestrales. Un projet qui scandalise les organisations de défense des droits de l'homme.

Il faut dire que la Funai a un pouvoir bien moindre depuis que, dans les années 1990, elle n'a plus la responsabilité de l'éducation des populations indiennes (qui dépend désormais du ministère de l'Éducation) ni de leur santé (transférée à la Fondation nationale de santé, qui, depuis 1999, sous-traite les actions à des ONG). Son rôle se cantonne à contrôler les entrées et sorties dans les terres indigènes, sans avoir les moyens de s'opposer aux intrusions des orpailleurs ou des trafiquants de toutes sortes, armés jusqu'aux dents.

Le Brésil n'a pas encore trouvé le moyen d'exploiter l'Amazonie de façon moins prédatrice, en respectant l'écosystème et ses habitants. Des pistes sont toutefois ébauchées à travers la promotion d'une gestion attentive des ressources naturelles : pisciculture avec des impératifs sur la reproduction des espèces, et valorisation de la marque « Amazonie » à travers des produits alimentaires éthiques, cultivés en respectant les normes environnementales et les populations indigènes, des médicaments ou des cosmétiques.

4 Un géant émergent

PUISSANCE AGRICOLE
MATIÈRES PREMIÈRES
ÉTHANOL
« COÛT BRÉSIL »
ÉDUCATION
RÔLE INTERNATIONAL

EN 2003, la banque d'investissement américaine Goldman Sachs inventa un sigle pour désigner les pays appelés à s'imposer comme les puissances du XXIe siècle : les BRIC, comprenez Brésil, Russie, Inde, Chine. Elle estime qu'en 2040 le PIB (produit intérieur brut) total de ces pays devrait égaler celui de six puissances traditionnelles : les États-Unis, le Japon, le Royaume-Uni, l'Allemagne, la France et l'Italie.

Le concept fait recette. Pour la première fois, une institution occidentale prenait acte de la montée en puissance de ces quatre pays, toujours considérés comme émergents, et du fait qu'ensemble ils pourraient dicter une partie des règles du commerce mondial.

Les BRIC, devenus BRICS avec l'entrée de l'Afrique du Sud, détiennent une partie importante des ressources naturelles (eau, pétrole, gaz, minerais) et une bonne part de la population mondiale, ce qui leur garantit de solides marchés intérieurs et une légitimité politique croissante.

Pendant longtemps, le Brésil a toutefois déçu les économistes, avec un taux de croissance à la traîne, qui peine à dépasser 3 %. En revanche, le pays semble décidé à jouer son rôle sur la scène internationale, avec une politique extérieure ambitieuse.

Grenier du monde et colosse énergétique

— Immense puissance agricole, le Brésil se place systématiquement en tête des producteurs et exportateurs des principaux produits alimentaires. Champion du café, de l'orange, de la papaye, du sucre de canne et des haricots ; numéro deux mondial de la viande de bœuf, du poulet, du soja, du tabac et de la banane, numéro trois du maïs, de l'ananas ou du poivre, etc. La liste est longue. Car le Brésil est aussi l'une des rares « frontières agricoles » du monde. Tous les ans, de nouvelles terres viennent enrichir son potentiel. La productivité de l'agriculture brésilienne n'a d'ailleurs rien à envier à ses concurrentes européenne ou américaine.

Le puissant complexe agro-industriel est responsable de 30 % des exportations. On est loin du modèle de pays agro-exportateur qui a longtemps prévalu au Brésil. Alors qu'en 1955 les exportations agricoles représentaient 92 % du total, elles font désormais place à d'autres matières premières, tels les produits miniers, et même à des biens industriels, allant des chaussures aux avions.

Le sous-sol est truffé de fer, manganèse, étain, bauxite, titane, uranium, mais aussi d'or, d'argent et de pierres précieuses. Parmi les ressources minières, il ne manque que le cuivre et le nickel... pour l'instant. Car, au contraire de l'Europe, l'exploration n'en est qu'à ses débuts, quitte à se révéler inquiétante, en particulier pour l'Amazonie. Au Congrès, des députés tentent tous les ans, sous l'impulsion des grands groupes du secteur, d'assouplir l'arsenal législatif pour autoriser l'exploration au cœur de la forêt et dans les terres indigènes.

Autrefois artisanale, la production s'est industrialisée, et tournée vers l'exportation, notamment sous l'impulsion de la demande chinoise. Le boom minier a favorisé l'expansion de l'ancienne compagnie nationale Companhia Vale do Rio Doce, rebaptisée Vale, privatisée pour une bouchée de pain dans les années 1990 et devenue une redoutable multinationale qui multiplie les acquisitions d'entreprises de par le monde. Les investissements du groupe, qui se chiffrent en dizaines de milliards de dollars, contribuent à développer les mines de fer et de bauxite et à améliorer les infrastructures ferroviaires et portuaires. Le principal problème de l'exploitation minière tient en effet à l'immensité du territoire, qui contraint à construire des centaines de kilomètres de voies de chemin de fer dans des territoires très accidentés, en pleine forêt, pour acheminer la production vers les ports, avec des impacts souvent négatifs sur l'environnement.

« Dieu a décidé de passer au Brésil, il ne veut plus partir ! » s'est exclamé l'ex-président Lula en apprenant, fin 2007, la découverte de gigantesques gisements de pétrole. Longtemps importateur, devenu autosuffisant en 2006 grâce aux premières découvertes de gisements en eaux profondes, au large de Santos et Rio de Janeiro, le Brésil est en passe de devenir l'une des premières puissances pétrolières de la planète. La compagnie nationale Petrobras a identifié une gigantesque nappe, longue de 800 km, coincée au plus profond de l'océan, à près de 7 km sous le niveau de la mer. Le gisement est coincé sous une croûte de sel large de 2 km, dont il tire son nom de « pétrole pré-sel ». Les spécialistes estiment qu'il pourrait contenir l'équivalent de 90 milliards de barils. Cela propulserait le Brésil dans le peloton de tête des pays pétroliers, en termes de réserves.

Bien que l'exploitation de cet or noir implique des investissements colossaux – financiers et en ressources humaines –, cette découverte du « pré-sel » bouscule les équilibres géopolitiques de la région et réaffirme l'importance du Brésil en tant que puissance énergétique. Car le pays jouit par ailleurs d'un immense potentiel hydroélectrique, lié à son réseau hydrographique, même si ses fleuves sont inégalement répartis sur le territoire. Historiquement, la région la plus exploitée est celle du Sud-Est, autour du bassin

Itaipu, le barrage de la discorde

Si le Paraná est surtout connu des touristes à travers son affluent, l'Iguazu, et les merveilleuses chutes qui l'interrompent – 275 cascades, sur 2,5 km – à la frontière avec l'Argentine, le fleuve est d'abord l'une des principales sources d'électricité du Brésil. À la fin des années 1960, c'est là que les gouvernements brésilien et paraguayen, tous deux dirigés, à l'époque, par une dictature militaire, ont décidé d'ériger le barrage d'Itaipu.

L'œuvre pharaonique, dont la hauteur atteint près de 200 m, a nécessité quinze fois plus de béton que le tunnel sous la Manche. Il s'agit du premier barrage du monde, devant celui des Trois Gorges, en Chine. Dans la salle des machines, dix-huit turbines, pesant chacune 3300 tonnes, sont commandées par une direction binationale.

Selon le traité de 1973, chacun des deux pays a droit à la moitié de l'électricité produite, avec la possibilité d'acheter à l'autre l'énergie qui ne serait pas utilisée pour sa propre consommation. L'égalité des deux pays est en réalité toute théorique. Dans les faits, le Brésil capte 90 % de l'électricité, qu'il achemine vers le pôle industriel de São Paulo, tandis que son voisin n'en utilise que 10 %. Le Paraguay n'a le droit de vendre le solde qu'au Brésil, à un prix fixé dans le contrat, très en dessous des tarifs du marché, et qui, de surcroît, ne donne pas lieu à des transferts d'argent. Cette somme permet à Asunción de rembourser à Brasília l'avance qui lui a été faite au moment de la construction...

La grogne n'a cessé de croître au Paraguay face à ce qui est considéré comme une politique impérialiste, le Brésil refusant de revoir le contrat. En outre, il a fallu attendre octobre 2013 pour que soit enfin inaugurée une ligne à haute tension entre la frontière et la capitale Asunción, la première du pays. Le Paraguay, l'un des pays les plus pauvres de la région, ne peut alimenter sa faible industrie et subventionne celle du Brésil.

du Paraná, avec le barrage d'Itaipu, qui produit à lui seul le quart de l'électricité consommée au Brésil. Le potentiel de ce fleuve, à proximité des grands centres de consommation, est important. Tétanisé par le spectre de la pénurie d'électricité, le gouvernement de Lula a lancé, à partir de 2007, d'énormes travaux dans le bassin de l'Amazone, provoquant là encore un conflit avec les environnementalistes.

C'est notamment le cas de la centrale hydroélectrique de Belo Monte, dans la région de Xingu, en Amazonie, un projet qui remonte à l'époque de la dictature, et que Dilma Rousseff veut imposer à tout prix, sans même recevoir les représentants des 20 000 Indiens que la construction devrait déplacer. Parallèlement, Brasília a relancé en 2007 son programme nucléaire, abandonné après son démarrage en 1972 avec le réacteur Angra. Il est désormais doublé d'un projet d'enrichissement de l'uranium, dont le pays détient l'une des plus importantes réserves au monde.

La fièvre de l'éthanol

De gauche comme de droite, la majorité des Brésiliens sont certains d'avoir trouvé avec l'éthanol la solution à tous les maux de la planète. Ce biocombustible, moins polluant que l'or noir, sauverait le monde de la pénurie de pétrole et consacrerait le Brésil « Arabie Saoudite verte ». Il faut dire que l'expérience a pris une ampleur impressionnante. Né en 1975 à la suite du choc pétrolier, le programme de production de combustible à base d'alcool de canne à sucre a connu un succès fulgurant, jusqu'à ce que les consommateurs s'en détournent, l'alcool étant devenu plus coûteux que l'essence traditionnelle, à cause de la spéculation sur le sucre. L'envolée des cours a provoqué une rupture des stocks ; les véhicules consommant de l'éthanol sont restés au garage.

Riches de ce savoir-faire de trente ans, les constructeurs automobiles ont lancé, à partir de 2003, un modèle dit *flex-fuel*, bicarburant. Il ne faut plus choisir : ce véhicule roule à l'éthanol, à l'essence, ou aux deux à la fois, dans n'importe quelles proportions, mélangés dans le moteur.

Depuis, plus de 80 % des nouveaux véhicules arrivant sur le marché sont *flex-fuel*. Pour les voitures économiques, c'est même une obligation. Dans la campagne, c'est la ruée. Les grands propriétaires investissent massivement dans la canne à sucre et dans les usines de transformation. Le Brésil est sans doute le seul pays au monde dont les terres offrent un potentiel de croissance de la production. Surtout que l'éthanol brésilien ne provoque pas directement de hausse des prix alimentaires – alors que la préférence donnée, aux États-Unis, au combustible dérivé du maïs a été à l'origine d'émeutes de la faim au Mexique et dans les pays d'Amérique centrale, grands consommateurs de maïs. C'est devenu l'argument clé du gouvernement en faveur du programme de biocombustibles : « L'éthanol, c'est comme le cholestérol, il y a le bon et le mauvais. » On l'aura compris, le bon est le brésilien...

L'éthanol soulève pourtant d'importantes interrogations. D'un point de vue écologique, tout d'abord. Si ce carburant est indiscutablement moins polluant à la consommation, sa production, qui passe par la combustion de plants de canne à sucre, diffuse une quantité importante de dioxyde de carbone, tout en étant très gourmande en eau. En colonisant des étendues phénoménales, en particulier dans l'État de São Paulo, la canne à sucre déplace d'autres cultures et l'élevage vers le nord, à la frontière avec l'Amazonie.

Enfin, l'engouement des multinationales pour sa production a provoqué une explosion du prix de la terre, qui a plus que triplé entre 2002 et 2012. Concrètement, cela signifie que les petits agriculteurs ne sont pas en mesure d'agrandir leur exploitation, et qu'ils sont incités à vendre leur terre aux grands propriétaires, accélérant le processus de concentration. L'envolée des cours de l'alcool favorise également la monoculture, puisque aucun autre produit n'offre la même rentabilité. En conséquence, dans certains États, tous les fruits et légumes ont disparu. De nombreux économistes tirent la sonnette d'alarme : à trop dépendre de l'éthanol, le Brésil risque de tomber de haut lorsque les cours du sucre s'effondreront, par exemple suite à une mutation technologique de la production d'alcool. Il connaîtrait alors la même déconvenue qu'à l'issue de tous les cycles qui ont marqué son histoire : sucre, cacao, café, caoutchouc...

Le Brésil n'est pas un nouvel acteur industriel. Il y a des années qu'il s'est frayé une place parmi les grands producteurs dans la sidérurgie, l'automobile, l'aéronautique ou la pétrochimie. L'industrie représente plus d'un tiers du PIB, et un bon quart de l'emploi.

Longtemps étouffée par la puissance coloniale, qui obligeait le Brésil à importer ses produits manufacturés du Portugal, l'industrie a ensuite tardé à s'imposer alors que le pays, très ouvert, était inondé de biens en provenance de Grande-Bretagne. Comme en Argentine, c'est la crise de 1929 qui poussa les autorités à favoriser des industries de substitution aux importations. Depuis, l'action publique ne s'est jamais démentie, fixée par les présidents Getúlio Vargas, Juscelino Kubitschek puis par la junte militaire. Des industries alimentaire et textile, le Brésil a glissé vers les biens de consommation et d'équipement, s'imposant dans des secteurs comme l'aéronautique, autrefois réservés aux puissances traditionnelles. Ainsi le constructeur Embraer, situé à São José dos Campos, à proximité de São Paulo, est-il désormais l'un des leaders mondiaux de la production d'avions de taille moyenne. Mais plus que les exportations, c'est l'importance de la demande intérieure qui explique la bonne tenue de l'industrie.

Les dessous du « coût Brésil »

Ce dynamisme ne suffit pas à faire oublier l'importance de ce que les spécialistes ont surnommé le « coût Brésil », qui plombe la rentabilité et freine le développement. Le gigantisme du pays rend cruciale la question des transports et des infrastructures. Alors que la géographie se prêtait parfaitement au développement d'un réseau ferroviaire, le pays a très tôt opté pour la route, qui concentre les deux tiers du trafic. Or, sur les 180 000 km de routes asphaltées, à peine 20 % sont en bon état. Transporter des marchandises sur les 80 % restants ou sur le million de kilomètres de routes non pavées enchérit de 30 %, en moyenne, le coût des exportations. Les quelque 30 000 km de voies ferrées, qui n'ont jamais constitué un maillage national, légèrement modernisés, sont

Découvrir le Sud-Est en train, de Curitiba à Paranaguá

Si le train n'a jamais réussi à s'imposer, il permet pourtant d'effectuer l'un des voyages les plus spectaculaires du Brésil, sur la ligne Curitiba-Paranaguá, dans le Paraná. Construite en 1880, à la fin de l'époque impériale, la ligne de chemin de fer avait été jugée infaisable par les ingénieurs européens. Les frères Rebouças, Antônio et André, fils d'un Portugais et d'une esclave affranchie – André est devenu l'un des leaders du mouvement abolitionniste –, en ont dessiné le plan, défiant la nature.

Quittant la capitale de l'État du Paraná, le train dévale 110 km de pente abrupte, jusqu'aux plaines côtières de Paranaguá. Les 13 tunnels et 67 ponts qu'il franchit ont coûté la vie à environ 5000 ouvriers, en majorité des immigrés italiens, allemands et polonais, qui ont travaillé pendant cinq ans à l'ouvrage. Ils ont été emportés par la typhoïde, la malaria, mordus par des serpents ou attaqués par les jaguars.

Un train régulier assure la liaison, les wagons chargés de soja rappelant que le port de Paranaguá est le point de départ d'un quart des exportations agricoles brésiliennes. Mais il existe aussi une version touristique, appelée le « *serra verde express* », qui part le matin et revient dans l'après-midi. Il est recommandé de réserver : pendant les vacances, le train est bondé. En trois heures, il dévoile un paysage de cascades, plonge au milieu de la faune et la flore typiques du Sud-Est et donne un aperçu de l'architecture coloniale dans la bourgade de Morretes.

Les accidents sont rares. Pourtant, au kilomètre 65, une croix indique, comme souvent sur les routes brésiliennes, qu'une personne y est morte. Pour une fois, il ne s'agissait pas d'un accident de la circulation. En 1893, quatre ans après la proclamation de la République, un groupe d'antirépublicains du sud du pays avait pris les armes, pour lancer une révolution fédéraliste. En 1894, l'un d'entre eux, le baron du Serro Azul, un riche commerçant, était fait prisonnier par des légalistes, et embarqué dans le train. Au kilomètre 65, il fut fusillé et jeté par-dessus bord...

au bord de la saturation, notamment aux portes de São Paulo, Rio de Janeiro et Belo Horizonte.

De même, les onze principaux ports du pays (Itajaí, Itaqui, Paranaguá, Rio de Janeiro, Rio Grande, Salvador, Santos, São Francisco do Sul, Sepetiba, Tabarão, Vitória) ont bien tenté de s'adapter à l'explosion des volumes exportés – 200 millions de tonnes en 1995, 900 millions en 2012 –, mais leur accès reste cauchemardesque. Il n'est pas rare qu'un camion soit piégé dans une file d'attente trente-six heures durant. C'est pour s'attaquer à ce problème que Lula a mis son second mandat sous l'égide d'un Programme d'accélération de croissance (PAC), à l'issue duquel 200 milliards d'euros doivent être investis dans les infrastructures, avec la participation des secteurs privé et public.

La réglementation et la corruption constituent l'autre obstacle à la croissance. Le Brésil a hérité du Portugal une tradition de bureaucratie qui confine à l'absurde. L'IFC (Corporation internationale financière), la branche privée de la Banque mondiale, a calculé qu'il fallait au minimum 152 jours et 18 procédures pour monter une entreprise. Par la suite, le quotidien vire aussi au casse-tête. Il existe ainsi 27 impôts, qui changent constamment, aux niveaux fédéral, régional ou municipal. L'IFC estime qu'une entreprise de 50 personnes a besoin de trois comptables à plein temps seulement pour être à jour de la réglementation. Une institution, le « *cartorio* », incarne ce goût immodéré pour la « paperasse ». Sorte d'étude de notaire privée, il est le passage obligé de toute formalité, du certificat de naissance, mariage et décès aux ventes immobilières en passant par les signatures et traductions certifiées. Chaque démarche coûte une fortune : les *cartorios* ont capté quelque 3,7 milliards d'euros en 2013.

Pour faire face aux méandres administratifs, les Brésiliens ont même inventé un métier : le « *despachante* », sorte d'intermédiaire qui se repère dans la foule des règles, a la patience de faire la queue et sait surtout contacter, voire suborner les personnes qui comptent. Cette jungle administrative est le terreau idéal de la corruption, présente à tous les étages de l'État, du contrat juteux au policier de la circulation. La Fondation Getúlio Vargas estime ainsi que 0,5 % du PIB est englouti chaque année par la corruption dans le seul secteur public.

Première puissance économique régionale, le Brésil n'est pourtant pas loin du dernier rang en matière d'éducation. L'analphabétisme a reculé depuis les années 1990, mais faisait encore 13,2 millions de victimes en 2012, soit 8,7 % des quinze ans et plus – à comparer aux 0,2 % de Cuba, où l'analphabétisme est éradiqué, 2 % de l'Uruguay, 2,4 % de l'Argentine, et même 9,7 % de la Bolivie, pays le plus pauvre du sous-continent. À l'échelle régionale, seuls les pays d'Amérique centrale (Salvador, Nicaragua, Guatemala et Haïti) sont derrière le Brésil.

Le tableau est plus inquiétant encore si l'on considère l'analphabétisme dit « fonctionnel », qui concerne les personnes ayant étudié moins de quatre ans à l'école : il touche 18,3 % des Brésiliens, la plupart concentrés dans le Nordeste. Cela s'explique par l'accès difficile à l'école dans le milieu rural (il faut parfois marcher plusieurs kilomètres ou espérer que la barque du village ne soit pas en panne) et par la qualité souvent catastrophique de l'enseignement primaire, en particulier dans le public.

Les professeurs, très mal payés, sont démotivés, alors que l'absentéisme est élevé dans les milieux pauvres. Résultat : le redoublement devient la norme. Seuls 47 % des enfants scolarisés à la fin du primaire sont dans la classe correspondant à leur âge. Certaines villes (l'éducation primaire dépend du pouvoir municipal) ont alors institué le « passage obligatoire » dans la classe supérieure, quelles que soient les performances. L'impact de cette décision est catastrophique : on estime à 2,1 millions le nombre d'enfants et d'adolescents analphabètes, pourtant scolarisés.

L'université reproduit l'injustice. Le concours à l'entrée des universités publiques, les plus prestigieuses, gratuites, ne laisse entrer que les plus aisés, qui ont pu aller à l'école privée durant l'enfance, ou s'offrir des cours à domicile en parallèle. La famille des quelque 54,3 % des étudiants de l'université publique figure parmi les 20 % les plus riches. Les jeunes des milieux populaires sont souvent abandonnés à eux-mêmes, trop peu formés pour décrocher un emploi ou entrer à l'université. Un cinquième des 15-24 ans n'étudient ni ne travaillent...

La vulnérabilité externe

L'histoire s'est trop souvent répétée pour que le Brésil la méconnaisse. Avec une croissance économique fondée en grande partie sur les exportations de matières premières (minières et agricoles) et un système financier ouvert sur le monde, le pays a longtemps été à la merci des crises mondiales. Une monnaie perçue comme fragile et des équilibres financiers publics souvent précaires ont fait du Brésil une proie idéale pour les spéculateurs, aussi prompts à y investir qu'à s'en retirer lorsqu'ils estiment leurs fonds en péril.

C'est ce qui s'est passé en 1998, à l'époque de la crise asiatique, provoquant pratiquement la faillite du Brésil. Le cocktail était toujours le même : fuite des capitaux, effondrement de la monnaie, renchérissement de la dette, les intérêts étant le plus souvent libellés en dollars. À chaque fois, les organismes internationaux (FMI [Fonds monétaire international] et Banque mondiale) se présentaient en recours, avec l'idée que « Le Brésil est trop gros pour tomber dans le trou ». En clair, le pays est fragile, mais il est trop important pour qu'on le laisse s'effondrer. En contrepartie, les gouvernements s'engageaient à suivre à la lettre les recommandations de ces institutions : toujours plus de privatisations, de dérégulations, de coupes budgétaires et de réductions des avantages sociaux. La donne a toutefois changé à partir de 2003.

Dans les années 1990, l'Amérique latine était devenue le laboratoire du néolibéralisme. Pour avoir droit aux prêts, les gouvernements devaient appliquer les mesures dites du « consensus de Washington » en référence aux sièges du FMI et de la Banque mondiale. Ils ont privatisé toutes les grandes entreprises nationales, les vendant à des multinationales européennes et américaines, mis fin aux régulations bancaires et réduit les finances publiques, en général aux dépens de la santé, de l'éducation et des programmes sociaux.

Au début de la décennie 2000, tous les gouvernements ont constaté l'échec de cette politique. La téléphonie, privatisée, fonctionnait mieux, mais le sous-continent était désormais le plus inégal au monde, secoué par des révoltes de la pauvreté. L'élection de Lula (après celle de Hugo Chávez au Venezuela et avant celle de Nestor Kirchner en Argentine et d'Evo Morales en Bolivie) en est aussi l'aboutissement.

À son arrivée au pouvoir, l'ancien métallurgiste savait qu'il n'était plus question de remettre en cause le système capitaliste, mais qu'il était urgent de regagner des marges de manœuvre et une certaine souveraineté. Au ministère de l'Économie, les fonctionnaires en charge de la gestion de la dette, principal fardeau du pays, qui freine l'investissement productif et social, ont pour mission de la rendre moins dépendante des soubresauts internationaux. En 2001, la part des créances libellées en devises étrangères était de 30 % ; elle est tombée à 2 % en 2006, pour remonter à 4 % en 2013.

Au fur et à mesure que les exportations s'envolent, les réserves de devises battent des records, permettant rapidement au Brésil de reprendre son indépendance. En 2006, le gouvernement crée l'événement en remboursant rubis sur l'ongle l'ensemble de sa dette auprès du FMI. Les économistes de Washington peuvent continuer à rédiger des recommandations; elles n'ont plus aucun poids à Brasília.

Naissance d'un nouvel acteur sur la scène internationale

La revendication de l'indépendance est encore plus sensible sur les questions commerciales. Le ton est donné en septembre 2003, lors du sommet de l'Organisation mondiale du commerce (OMC) à Cancún, au Mexique. À la surprise générale, une vingtaine de pays émergents, réunis au sein du G-20, organisent une fronde contre les puissances économiques traditionnelles. Plus question d'accepter d'ouvrir leurs marchés aux produits des pays riches tant que ces derniers resteront fermés aux denrées agricoles. C'est le Brésil qui mène la bataille, répétant à chaque réunion l'exigence du G-20 : la disparition des subventions à l'agriculture, aux États-Unis et en Europe, auxquelles se heurtent la commercialisation et donc le développement des productions des pays émergents.

Parallèlement, Brasília diversifie sa clientèle pour ne plus dépendre des aléas des économies américaine et européenne. Le Brésil multiplie les alliances avec les autres géants émergents : la Chine, bien sûr, avide de minerai de fer et de soja, mais aussi l'Inde, la Russie et l'Afrique du Sud. Longtemps ignorée, l'Afrique est courtisée, tout comme le Proche-Orient. En 2005, Brasília innove en accueillant un sommet des pays arabes et sud-américains. Soucieux de ne pas laisser de liens se tisser directement, les États-Unis y demandent un poste d'observateur, qui leur est sèchement refusé. Entre 2002 et 2006, le gouvernement brésilien a ouvert plus de trente nouvelles représentations à l'étranger, recruté des centaines de diplomates supplémentaires et substantiellement augmenté le budget d'Itamaraty, le ministère des Affaires étrangères.

Le principal changement de cap tient à la priorité désormais donnée aux voisins latino-américains. Le gouvernement brésilien délaisse Paris et Washington pour Buenos Aires, Caracas, La Paz ou La Havane. Les accords se multiplient

Minustah, mission de paix à Haïti sous commandement brésilien

Le 29 février 2004, lorsque le président haïtien Jean-Bertrand Aristide est poussé sans ambages vers la sortie par les États-Unis et la France, la situation d'Haïti paraît plus problématique que jamais. Après des années d'échec, l'ONU ne sait plus à qui confier la direction d'une mission de rétablissement de la paix. Faire appel à Paris ou à Washington est exclu : les deux pays n'ont plus aucune crédibilité dans le pays.

Surgit alors l'idée d'une force composée essentiellement de Latino-Américains, commandée par le Brésil. Pour Lula, c'est un énorme pari. Cela fait des décennies que les 9,5 millions d'habitants de l'île s'enfoncent dans la violence et la misère. En relevant le défi, il montre à quel point le Brésil est conscient du danger que constitue une zone d'instabilité profonde en pleines Caraïbes, aux portes de l'Amérique du Sud. Brasília veut réaffirmer son rôle de puissance régionale et sa capacité à briguer un siège permanent au Conseil de sécurité de l'ONU, et surtout éviter le retour de *marines* dans la région, un an après le début de la guerre d'Irak.

L'arrivée progressive des 7000 militaires et 2000 policiers ne suffit pourtant pas à ramener le calme. Les premiers mois, des manifestations de violence, pilotées par des partisans de Jean-Bertrand Aristide en exil, font douter de la capacité du Brésil à commander une mission d'une telle importance. Puis les « casques bleus » mettent sur pied une stratégie, dans les bidonvilles de Port-au-Prince, pour en extirper les gangs qui sèment la terreur.

Grâce à un réseau de renseignement, ils cernent leurs cachettes, mènent de rapides combats et, une fois maîtres des lieux, transforment ces domiciles en centres sociaux d'aide à la population. Les militaires ne rechignent pas à déblayer les déchets accumulés pour libérer les routes et à aider les commerçants à reprendre leurs activités. Ils sauvent aussi des centaines de vies humaines en allant au secours des familles coupées du monde lors des inondations.

Pour la première fois, la mission de l'ONU, baptisée « Minustah », jouit d'un capital de sympathie auprès de la population. Les Brésiliens ont un sérieux atout : le football. Pour les Haïtiens, Pelé, Rai, Ronaldo et Ronaldinho sont des dieux vivants. Les murs sont couverts de fresques les représentant, auprès du drapeau brésilien. Lula avait fait un « joli coup » en organisant, dès le 18 août 2004, un match opposant l'équipe nationale du Brésil à la sélection haïtienne. Les Haïtiens avaient perdu 6 à 0, mais la foule était en liesse...

Pour l'armée brésilienne, qui n'a pas mené de combat depuis plus d'un siècle, Haïti constitue aujourd'hui une école. Mais le gouvernement ne crie pas victoire : l'absence d'aide économique massive empêche Haïti de décoller. La mission s'apprête à quitter le pays sans être sûre que celui-ci ne sombrera pas à nouveau dans le chaos.

pour accélérer l'intégration, avec notamment la naissance, en 2008, de l'Unasur (Union des nations sud-américaines), qui réunit tous les pays d'Amérique du Sud. Les projets de lancement d'une banque de développement, voire d'une politique de défense commune patinent toutefois. Le rapprochement bénéficie de la vague rose qui a déferlé sur l'Amérique latine, portant au pouvoir des chefs d'État estampillés à gauche. Il fait le bonheur des grandes entreprises brésiliennes, les premières à profiter du dynamisme de la région. Les produits industriels brésiliens s'exportent de l'Argentine à l'Équateur, le Venezuela multiplie les achats d'aliments en provenance du Brésil et les géants de la construction, tel le groupe Odebrecht, décrochent une pluie de contrats chez les voisins.

Les ambitions commerciales n'expliquent pas seules l'énergie déployée par le gouvernement à l'étranger. Le Brésil veut se voir reconnaître le statut de nouvelle puissance en obtenant un siège permanent au Conseil de sécurité de l'ONU. Pour rejoindre ce groupe fermé, aujourd'hui constitué de cinq pays (États-Unis, France, Chine, Russie, Grande-Bretagne), le Brésil doit d'abord gagner la sympathie de ses voisins pour se présenter comme le candidat de l'Amérique du Sud. En cultivant de bonnes relations avec les capitales africaines ou arabes, il se ménage de nouveaux appuis au sein de l'organisation. Brasília a d'ailleurs pris, pour la première fois, la tête d'une mission de paix à Haïti, pour montrer la légitimité de sa revendication. Une bataille de longue haleine : bloquée par les États-Unis, faussement bien vue par la France, la réforme de l'ONU est dans les limbes depuis des années.

5 « Belindia », empire des inégalités ?

« FOME ZERO »
INÉGALITÉS
RÉDUCTION DE LA PAUVRETÉ
FAVELA
VIOLENCES
SÉCURITÉ/INSÉCURITÉ
CRIME ORGANISÉ
« JOGO DE BICHO »

L'ASCENSEUR, commandé par un groom au sourire las, monte jusqu'au trente-huitième étage. Il suffit de gravir une volée de marches pour parvenir au sommet de l'immeuble *Italia*, au centre de São Paulo. Ce n'est pas le plus haut de la ville, mais sa situation le rend unique. Au bar, la vue est à couper le souffle. Des centaines de gratte-ciel emplissent l'horizon, une jungle urbaine qui donne à cette ville, sans charme quand on la parcourt à pied, une véritable poésie. Au bout de quelques secondes, commence le ballet des hélicoptères, volant d'un immeuble à l'autre, tous dotés d'héliport. On se souvient alors que São Paulo possède la deuxième flotte d'hélicoptères civils après New York, au coude à coude avec Tokyo. Ainsi se déplacent les plus riches, qui veulent éviter les embouteillages et voyager en toute sécurité.

À la nuit tombée, on redescend sur terre. En sortant de l'immeuble, il faut pratiquement enjamber des corps endormis. De couvertures nauséabondes émergent un visage épuisé, un bras trop maigre, des vêtements déchirés. La nuit, le centre de São Paulo est le terrain des marginaux.

En quelques heures, le visiteur est confronté aux contrastes du Brésil : une richesse sans limite, une infamante pauvreté. L'économiste Edmar Bacha en avait fait un néologisme dans les années 1970, « Belindia », fusion de l'Inde et de la Belgique. La réduction constante de la pauvreté remet en partie en question ce concept, mais le Brésil demeure l'un des pays les plus inégalitaires au monde. Il suffit pour s'en convaincre de se pencher sur l'histoire de Lula, président de la République.

Le programme « Fome zero »

En décembre 1952, Luiz Inácio da Silva a sept ans quand sa mère Dona Euridice annonce à ses enfants qu'ils quittent leur baraque à proximité de Garahuns, un village au fond du Pernambuco. Ils vont retrouver leur père, parti en 1945 tenter sa chance dans le Sud, à Santos, principal port du pays. « Elle a vendu la montre, la jument, les saints, la photographie de famille, elle a tout vendu pour quitter le Nordeste », raconte-t-il à Denise Paraná, qui lui a consacré une biographie. Le voyage, à bord d'un camion, dure treize jours. Comme Lula et les siens, ils sont des milliers à abandonner le Nordeste, ses sécheresses et ses famines.

En arrivant à Santos, Dona Euridice découvre que son mari y a formé un autre foyer. Elle le quitte, et parvient à élever seule ses huit enfants en s'installant à São Paulo. La maison est toujours modeste, mais grâce au travail des enfants les repas s'enrichissent. « C'est drôle, j'ai une photo de ma mère dans le Pernambuco, elle avait trente-neuf ans, et une autre d'elle à soixante ans, elle est plus belle sur la deuxième. La nourriture, ça rend les gens beaux », poursuit Lula.

Avec de tels souvenirs, rien d'étonnant à ce que l'ouvrier tourneur devenu président fasse du programme *Fome zero* (« Faim zéro ») l'étendard de son mandat. Après une mise en place chaotique, le programme reprend les timides politiques sociales préexistantes, les coordonne, et surtout les élargit. Il s'articule autour d'une mesure phare, *Bolsa familia*, littéralement « bourse famille ».

Créée en 2004, l'allocation révolutionne le quotidien des pauvres, en particulier dans le Nordeste. Tous les foyers dont les revenus mensuels sont inférieurs au seuil de pauvreté (140 reals par personne, soit 44 euros environ au taux de change de 2013) peuvent bénéficier d'une aide mensuelle du gouvernement fédéral, dont le montant varie de 22 à 242 reals en décembre 2013 (de 10 à 74 euros), selon le revenu et le nombre d'enfants. En contrepartie, les familles s'engagent à scolariser les enfants et à afficher un carnet de vaccination à jour.

Vu de São Paulo, la capitale économique, le montant semble dérisoire, l'équivalent de deux courses de taxi. Mais les familles les plus modestes parviennent à faire des merveilles : se procurant davantage de nourriture, bien sûr, mais aussi des sacs de ciment pour recouvrir le sol de terre battue ou réparer le toit, voire un réfrigérateur ou un réchaud à gaz, achetés à crédit. En 2013, *Bolsa familia* était versée à 13,8 millions de foyers, bénéficiant ainsi à près de 50 millions de Brésiliens. L'ONU et la Banque mondiale applaudissent, recommandant de copier le modèle.

Parallèlement, le gouvernement développe une batterie de mesures plus ciblées, rassemblées sous l'appellation « Faim zéro » : le programme « Alimentation scolaire » fournit un repas quotidien à 36 millions d'enfants et d'adolescents, « Lumière pour tous » introduit l'électricité dans 3 millions de foyers, « Citernes » apporte de l'eau à un million de familles dans les régions semi-arides. Dans les villes, « Restaurant populaire » offre un repas à deux reals (0,61 euro), « Pharmacie populaire » permet d'acheter, à prix cassé, les remèdes aux maladies les plus courantes… Ces mesures sont conditionnelles : les écoles et les restaurants populaires subventionnés par le gouvernement sont par exemple tenus de s'approvisionner auprès des petits agriculteurs de leur région, générant ainsi de l'emploi local. Dans les poches de pauvreté, *Fome Zero* relance ainsi le commerce et freine l'exode rural.

Dans les métropoles, c'est l'augmentation continue du salaire minimum qui bouleverse le quotidien. Elle touche des millions d'actifs, mais aussi les retraités, puisque leur pension y est indexée. Le recul de la faim change la donne. D'abord critiquée par l'opposition, qui n'y voyait que de l'assistance, la politique sociale de Lula, poursuivie par Dilma Rousseff, est aujourd'hui considérée comme un acquis pour les gouvernements futurs.

Le spectaculaire recul de la pauvreté

Le cocktail croissance économique, inflation contrôlée et politiques sociales a profondément métamorphosé les classes les plus défavorisées. La pauvreté connaît un recul historique et le nombre d'emplois formels créés bat des records. La proportion de personnes vivant sous le seuil d'extrême pauvreté (moins de 1,25 dollar par jour) est passée de 26 % en 1990 à 4,8 % en 2012. Le Brésil est l'un des seuls pays en voie de développement à dépasser les objectifs de développement du Millénaire fixés par les Nations unies d'ici 2015.

L'impact est spectaculaire. La faim dite « aiguë » est devenue marginale – les cas de malnutrition ont diminué de moitié en une décennie. Entre 1990 et 2012, la mortalité infantile s'est effondrée, passant de 62 à 14 décès pour 1 000 naissances avant l'âge de cinq ans. C'est dans le Nordeste que l'amélioration est la plus spectaculaire, le nombre de décès étant passé en moyenne de 87 à 19,6 pour 1 000 naissances entre 1990 et 2012. Dans l'État de l'Alagoas, par exemple, la mortalité infantile a été réduite de 84 %.

Cette embellie économique s'est accompagnée de l'émergence d'une classe moyenne, alors que près de 40 millions de personnes sont parvenues à dépasser le seuil de pauvreté entre 2002 et 2013. Bien sûr, cela fait longtemps que la structure sociale n'est plus binaire avec, d'un côté, une mince frange richissime et, de l'autre, une masse misérable et analphabète. La reproduction n'est une fatalité ni en bas ni en haut de l'échelle sociale. Une personne issue d'un milieu très défavorisé peut se hisser au niveau de la classe moyenne. Mais les crises économiques des années 1980 et 1990 avaient grippé le mécanisme.

La croissance et la meilleure redistribution des richesses bouleversent le panorama. En 2007, pour la première fois, plus de la moitié de la population active (51,89 %, contre 42,49 % six ans plus tôt) appartenait à la classe moyenne. Cette dernière est certes encore fragile. Fascinée par les modèles américain et européen, elle a des aspirations qui dépassent ses moyens, scolariser ses enfants dans les meilleures universités, habiter comme les riches un *condominio fechado*, ces résidences protégées par une clôture et des vigiles privés, porter des vêtements de marque étrangère et passer ses vacances à Paris, Rome et surtout Miami. Pour elle, la reprise rime avec frénésie de consommation, en général à crédit. À ce titre, elle restera la première victime des crises économiques et des envolées inflationnistes.

On les reconnaît à leurs voitures blindées, à leurs hélicoptères particuliers, à leurs palaces au bord de la mer et à leurs vêtements griffés : les millionnaires brésiliens sont riches, très riches, et le font savoir. Ils sont également de plus en plus nombreux. Le cabinet de conseil Boston Consulting Group a calculé que le pays avait « produit » 60 000 nouveaux millionnaires en 2007, soit 164 par jour. En 2013, ils étaient plus de 200000. Une minorité d'entre eux descend encore des grandes familles d'exploitants de café, mais le plus grand nombre mise sur la Bourse et les banques. Les plus connus apparaissent dans les pages « sociales » des quotidiens, une coupe de champagne à la main, photographiés dans l'un des nombreux cocktails qui agitent la jet-set.

Si le quotidien des pauvres s'est amélioré, la distribution des revenus est toujours aussi inégalitaire. Les 10 % les plus riches concentrent encore plus de 75 % des richesses, une proportion similaire à celle de la fin du XVIIIe siècle, période où le Brésil était encore une colonie portugaise à l'économie esclavagiste. L'écart serait encore plus important si l'on pouvait comparer les patrimoines, une statistique pour l'heure absente.

La principale cause du fossé est la politique fiscale. Les principaux impôts sont indirects – à l'exemple de la TVA française. Les plus pauvres consacrant l'essentiel de leurs revenus

« Daslu way of life » à São Paulo

On ne va pas faire ses courses à Daslu comme dans n'importe quel centre commercial. Ici, vous abandonnez votre Porsche Cayenne avec désinvolture à des voituriers à chapeau noir et queue-de-pie, ou, mieux encore, vous arrivez en hélicoptère sur le toit. Installé sur la Marginal Tietê, l'autoroute urbaine qui borde le fleuve du même nom, ce temple du luxe aux colonnades néoclassiques se vante d'offrir à ses clients « un cadre de vie unique » fait « de bon goût et d'exclusivité ».

Ce sont 20 000 m^2 dédiés au luxe, de Chanel à Prada en passant par Christian Dior et Gucci. La construction du centre commercial a coûté la bagatelle de 50 millions de dollars. À l'entrée, des soubrettes vêtues de noir sur bas blancs, chaussures vernies et tablier brodé proposent des boissons et répondent à toutes les questions. Un coup de fatigue ? Un arrêt au « bar champagne » s'impose. Dessiné par l'architecte irlandais David Collins (celui du fameux « Blue Bar » de Londres, s'empresse-t-on de vous préciser), le restaurant est sponsorisé par LVMH. On appelle ça le « Daslu way of life ».

Daslu, le premier des lieux de « shopping de luxe », est désormais dépassé par le JK Iguatemi et le Cidade Jardim récemment ouverts à São Paulo et plusieurs autres sont en chantier.

Le chiffre d'affaires du commerce de luxe – vêtements, sacs, mais aussi hélicoptères, jets privés et voitures – augmente de plus de 12 % chaque année, près de cinq fois plus que la croissance brésilienne.

Temples de la consommation, ces centres commerciaux sont également devenus, début 2014, le symbole de la ségrégation sociale, quand des groupes de jeunes des favelas, souvent noirs, ont commencé à y faire des *rolezinhos* (littéralement, de « petits tours ») pour se divertir. Les vigiles les ont jetés dehors, provoquant un intense débat dans le pays sur l'inégalité et la discrimination persistantes.

à la consommation, ils paient proportionnellement davantage que les plus favorisés. Cette distorsion n'est guère corrigée par l'impôt sur le revenu, peu progressif et peu élevé. Résultat : l'État ponctionne en moyenne 33 % des revenus des plus défavorisés, contre 22 % pour les plus aisés. Les projets de réforme fiscale ont été systématiquement bloqués au Congrès, enterrant toute possibilité d'en finir avec les inégalités.

La favela, un monde à part

De loin, la Rocinha, le plus grand bidonville d'Amérique latine, a des couleurs de carte postale. On y voit des milliers de petites bicoques faites de matériaux fantaisistes, accrochées à flanc de montagne, des escaliers qui serpentent vers le sommet, d'où la vue sur la baie de Rio de Janeiro est imprenable. Située entre Gávea et São Conrado, deux quartiers chics du bord de mer *carioca*, la Rocinha accueille entre 150 000 et 200 000 personnes. Nul ne sait au juste, aucun recensement n'ayant été fait dans ces installations considérées comme illégales. La réalité de ses habitants est tout autre : habitat précaire, égouts à ciel ouvert, aucun centre de santé ni de loisir, de rares écoles, et une violence omniprésente. Au Brésil, le paysage urbain traduit l'exclusion sociale.

Formées au début du XXe siècle par les migrants venus chercher fortune à la capitale ou les pauvres expulsés du centre-ville par la spéculation immobilière, les favelas ont pour spécificité d'être périphériques, du fait de la misère de leurs habitants, et centrales à la fois. Peuplées par le prolétariat urbain (domestiques, garçons de café, vigiles, vendeurs ambulants...), elles sont d'autant plus recherchées qu'elles se situent à proximité des quartiers aisés, source d'emploi, à Rio de Janeiro en particulier.

Le déficit de logements sociaux est tel au Brésil (le ministère de la Ville l'estime à au moins 8 millions d'unités) que la croissance des favelas ne s'est jamais démentie. En 2011, elles regroupaient encore 11,1 millions de personnes, selon l'IBGE (Institut brésilien de géographie et de statistiques). On ne peut retenir un sourire à la lecture des observations de Stefan Zweig, qui plaidait pour la préservation de ces taches « de couleur et de pittoresque ». « Il est probable que dans quelques années les favelas, les villages nègres en pleine ville auront disparu, se désole-t-il. Pourtant, on devrait conserver au moins un vestige de ces favelas, dans la mosaïque de cette ville kaléidoscopique, comme des documents de la vie naturelle, au milieu de la civilisation. »

Surgies dans l'illégalité, les favelas restent des zones de non-droit. Le plus souvent, des gangs du narcotrafic, bien que minoritaires, y imposent leur loi. Les bidonvilles sont ainsi perçus avec terreur par la population dite « de l'asphalte », en référence à la qualité des routes des quartiers des classes moyennes et aisées. Les mafias de la drogue n'ont aucun mal à recruter des jeunes, abandonnés à eux-mêmes, sans perspective d'emploi. Au sein de la favela aussi, le gang fait peur. Il édicte toutes les règles, jusqu'à l'absurde, décidant la fermeture des commerces lorsqu'il est endeuillé, ou la prohibition d'une couleur dans l'habillement de la communauté.

Pour compenser et se gagner la connivence des habitants, nécessaire à leur sécurité, les chefs du trafic se substituent à un État absent, en payant l'hospitalisation d'une mère de famille, les médicaments du petit dernier ou en achetant des bouteilles de gaz et de la nourriture.

La vie est dure dans la favela. La population souffre des privations propres à toutes les périphéries. Les déchets s'amoncellent faute de collecte, les enfants jouent dans les égouts. Les épidémies sont fréquentes ; la dengue continue à faire des morts tous les ans et des poches de tuberculose subsistent. Les transports coûtent une fortune. L'employé doit souvent prendre trois minibus pour arriver à son lieu de travail et, comme tout est privatisé, il paie trois fois. Comme par-

Succès et limites des Unités de police pacificatrice

Ce 19 novembre 2008, lorsqu'un commando du Bope (Bataillon des opérations spéciales de police), le corps d'élite de la police militaire de Rio de Janeiro, investit la favela Santa Marta pour en déloger les narcotrafiquants, on pense d'abord à une opération de routine, et à la terreur qui l'accompagne. D'ordinaire, l'incursion violente de la police provoque plusieurs morts, entre exécutions et balles perdues, mais quelques jours plus tard les bandits reviennent, ou sont remplacés par une faction rivale.

Cette fois, pourtant, il y a du nouveau : le gouvernement veut garder le contrôle du territoire reconquis, en installant au sommet de la favela une Unité de police pacificatrice (UPP), un commissariat de proximité. Pour gagner la confiance des habitants, il envoie des policiers fraîchement sortis de l'académie, formés aux droits de l'homme et en théorie moins corruptibles, car un peu mieux payés, grâce à une prime du gouvernement fédéral qui vient s'ajouter au salaire versé par l'État de Rio de Janeiro.

En décembre 2013, cinq ans après son lancement, cette nouvelle politique de sécurité est un succès, plébiscité par 75 % des habitants de favelas : 34 UPP ont été installées, comptant près de 9 000 policiers. Les habitants de quelque 230 communautés échappent désormais à la domination des gangs armés. Le nombre d'homicides y a diminué de façon spectaculaire, tandis que le commerce a explosé dans les communautés et alentour.

Les limites des UPP sont toutefois flagrantes. Leur implantation, tout d'abord, dans les quartiers chic et touristiques et à proximité des installations sportives de la Coupe du monde de 2014 et des jeux Olympiques de 2016, scandalise les ONG. Ces dernières rappellent que des 1 001 favelas de Rio de Janeiro, un bon tiers reste sous la tutelle de narcotrafiquants, et que 40 % environ sont contrôlées par des milices. La présence de l'État reste liée à la sécurité, alors que les habitants sont demandeurs d'éducation et de santé publique, de meilleurs moyens de transport, tout comme de loisirs.

En outre, le spectre de la disparition des UPP plane sur la ville à chaque élection. « Il nous manque un programme formel, avec des objectifs, des indicateurs d'évaluation, et un travail de formation de fond de la police », estime ainsi Robson Rodrigues, qui a dirigé le projet à ses débuts. Il souligne que la police, créée sous l'empire pour protéger les élites des classes populaires, a gardé la même philosophie, d'où de nombreux dérapages. Le 14 juillet 2013, c'est l'assistant maçon Amarildo de Souza qui en a fait les frais. Interpellé par des policiers de l'UPP à la Rocinha, la plus grande favela du Brésil, il n'est plus jamais rentré chez lui. Les policiers l'ont interrogé, torturé, avant de faire disparaître son corps.

tout au Brésil, l'école ne fonctionne qu'à mi-temps : le matin pour la moitié des enfants, l'après-midi pour l'autre. Le reste du temps, les enfants sont livrés à eux-mêmes, le plus souvent enfermés dans leurs minuscules baraques par des parents soucieux de les protéger de la violence.

Car les semaines s'écoulent rarement sans fusillades, provoquées par les guerres des gangs se disputant le contrôle de la *boca de fumo* (littéralement, la « bouche de fumée »), le point de vente de la drogue, ou par une incursion violente de la police. Les armes sont partout. Du fait de leur calibre, elles sont mortelles. Lorsqu'un coup de fusil part, la balle traverse facilement trois ou quatre maisons, aux parois très fines, tuant souvent des innocents sur son passage. Ce sont les drames des « balles perdues », relatés le soir au journal télévisé. La fréquence des coups de feu établit la valeur foncière des maisons. Les habitants savent qu'à tel angle de rue le risque est plus élevé. Seules les familles dans le dénuement total acceptent alors d'habiter la maison voisine, au mur criblé de balles.

Grâce à *La Cité de Dieu* (2002), le film de Fernando Meirelles, ce quotidien a fait le tour du monde. Avec l'implantation d'Unités de police pacificatrice (UPP ; *voir l'encadré page précédente*) dans la majorité des favelas de la « zone Sud », la plus touristique, il est désormais possible aux étrangers de connaître ces territoires auparavant interdits, entre la visite au pied du Corcovado et celle du Pão de Açucar.

On peut désormais aller manger une *feijoada* de fruits de mer au bar de David, à Chapéu Mangueira, ou se perdre dans les ruelles de Dona Marta, dont les maisons ont été repeintes en couleurs, pour retrouver la statue de Michael Jackson. En 1996, le roi de la pop y avait enregistré un clip, avec l'accord des trafiquants. Les mélomanes pourront écouter des accords de jazz à Tavares Bastos, et les noctambules, voir le lever du soleil sur la mer à partir du sommet de la favela de Vidigal. Si les favelas où sont installées des UPP apparaissent désormais dans les pages gastronomiques, touristiques et culturelles – on y organise notamment un festival de littérature –, la terreur persiste dans la majorité des autres, et elle ne vient pas toujours des dealers. Elle peut être imposée par les milices, des groupes paramilitaires constitués par des policiers, à la retraite voire en service, des pompiers, des agents pénitenciers. Surgies au début des années 2000, elles prétendent d'abord « protéger » les habitants des gangs. Elles contrôlent aujourd'hui près de trois cents favelas à Rio de Janeiro. Fortement armées, elles exigent, en contrepartie, que les commerçants locaux leur versent un « impôt ». Arborant de façon ostentatoire leurs uniformes officiels, les miliciens rançonnent aussi les habitants des favelas « protégées » : taxe sur la télévision par câble, installée de façon clandestine (on appelle cela le « *gato* », le « chat »), monopole dans le transport des bus pirates, commission sur l'entrée des bouteilles de gaz, souvent unique source d'énergie, et sur les matériaux de construction, nécessaires dans ces bidonvilles faits de bric et de broc. Au nom de l'ordre, les fêtes sont fréquemment interdites passées 22 heures, ou autorisées en échange d'une « compensation ».

À l'égal des narcotrafiquants, les miliciens multiplient toutefois la distribution de paniers d'aliments de base et de petites faveurs pour se gagner la sympathie des habitants. La puissance des milices et des gangs de la drogue déborde sur le terrain politique à l'approche des élections. Les chefs locaux « vendent » leur appui aux candidats, assurant aux plus offrants que leurs adversaires ne pourront pas mettre les pieds dans les favelas « protégées ».

« Un bon bandit est un bandit mort »

Le déclenchement de grandes opérations de police n'est pas plus rassurant pour les habitants des favelas. Là encore, c'est un film, *Troupe d'élite*, de José Padilla, sorti sur les écrans brésiliens en 2007, qui a fait connaître au reste du monde la violence policière. Les agents du Bope (Bataillon des opérations spéciales de police), corps d'élite de la police militaire de Rio de Janeiro, investissent les favelas, armés de fusils.

L'insigne de leur unité, cousu à l'uniforme, en dit long sur leur culture. Il représente une tête de mort, déposée sur deux pistolets croisés. Leurs principes sont résumés dans les chants qu'ils scandent en courant dans les rues de la ville pour s'entraîner : « Faire un interrogatoire, c'est très facile, il suffit de prendre un *favelado* et de le frapper à n'en plus finir. » La seconde partie du couplet est plus crue : « Terminer un interrogatoire, c'est très facile, il suffit de prendre un *favelado* et de le frapper jusqu'à la mort ! »

Le *favelado*, l'habitant de la favela, n'a qu'à bien se tenir. Qu'il soit innocent ou coupable aux yeux de la loi est secondaire. Pauvre, le plus souvent noir ou métis, il est perçu comme dangereux par les classes possédantes, et c'est aux forces de l'ordre d'en protéger ces dernières.

Née au début du XIXe siècle pour préserver la Cour portugaise des rébellions de pauvres et d'esclaves, formée à la torture par les dictatures du XXe siècle, la police brésilienne est aujourd'hui l'une des plus violentes au monde. Lors des affrontements entre bandits et policiers, on compte en moyenne quarante et un morts parmi les premiers, contre un chez les seconds. Surtout, on dénombre quatre morts pour un blessé, une incongruité statistique qui n'a qu'une explication : ce ne sont pas des affrontements, mais des exécutions.

À l'héritage politique et culturel de la violence s'ajoute l'impact de la corruption. Le traitement moyen d'un policier en début de carrière est de mille dollars par mois, une misère comparée à la dangerosité de l'emploi. Conséquence, une bonne partie des policiers pactisent avec le narcotrafic. Ce qui est présenté aux médias comme une opération de nettoyage de la favela n'est souvent qu'une expédition punitive payée par un gang pour laisser libre accès à un autre, ou un coup de colère d'un officier furieux de ne pas avoir reçu son « cadeau » mensuel de la part des chefs du trafic.

Quand les policiers sont honnêtes, ils pèchent par absence de formation. Ils reçoivent à peine six mois de cours, dispensés de façon expéditive, avant de se retrouver à l'assaut de favelas surarmées. Épuisés, car obligés d'accepter un deuxième voire un troisième emploi pour joindre les deux bouts, les agents, tenaillés par la peur, tirent sur tout ce qui bouge. Le nombre de personnes tuées dans les favelas au cours d'« actes de résistance », théoriquement dans le cadre de la légitime défense, a explosé. Entre 2001 et 2011, plus de dix mille personnes ont ainsi été éliminées par la police dans l'État de Rio. À l'échelle du Brésil, les agents tuent en moyenne cinq personnes par jour.

Un scandale régulièrement dénoncé par les avocats des droits de l'homme et par l'ONU, pour lesquels ces actes n'ont de résistance que le nom : la majorité des victimes, non armées, meurent souvent d'une balle dans la nuque. Encouragés par le gouvernement local, qui joue au shérif, glorifiés par les médias, les policiers n'ont guère à craindre de la justice, face à une population incapable de faire valoir ses droits. À quoi bon d'ailleurs? Moins de 5 % des homicides aboutissent à une condamnation. Et l'opinion publique applaudit. Estimant que les droits de l'homme ne sont faits que pour protéger les délinquants, la population élit régulièrement des hommes politiques dont le mot d'ordre est « un bon bandit est un bandit mort ».

Une véritable guerre contre les jeunes Noirs pauvres

C'est parmi les plus jeunes que le nombre de morts prend des proportions alarmantes. Alors que le taux de mortalité baisse dans tout le pays grâce à l'amélioration des conditions de vie – il est passé de 633 à 608 pour 100 000 habitants entre 1996 et 2011 –, on observe un mouvement contraire chez les 15-24 ans – leur taux de mortalité est passé de 128 à 134 pour 100 000. Les causes « non naturelles » expliquent cette hécatombe : suicides, accidents de la route, mais surtout assassinats. On déplore ainsi 53,4 meurtres pour 100 000 jeunes de 15 à 24 ans, contre 42,4 quinze ans auparavant. Un chiffre digne d'un pays en guerre.

Plus largement, les jeunes sont les principales victimes de violences de toute nature : lésions corporelles, tentatives d'homicides, enlèvement, viol, attentat à la pudeur. Tous ne sont pourtant pas logés à la même enseigne. Le jeune Noir pauvre est la première cible. Qu'il dorme dans la rue et il sera maltraité, voire éliminé par des escadrons de la mort décidés à « nettoyer » la ville. S'il court pour prendre le bus, il sera suspecté d'un crime encore non identifié. Il se retrouvera derrière les barreaux, des semaines tout d'abord dans des commissariats surpeuplés où la torture est de mise. Puis ce sera la prison, souvent un enfer.

En 2008, un épisode survenu dans le Pará, à la frontière de l'Amazonie, a souligné aux yeux de tout le pays la dégradation de la situation. Accusée d'un vol à la tire, une adolescente de quinze ans a été parquée dans une cellule au milieu de trente-quatre hommes, qui l'ont torturée, violée et forcée à échanger sa nourriture contre des faveurs sexuelles devant l'indifférence totale des policiers, qui ne voulaient pas chercher une prison pour femmes.

La violence n'est pas moindre à l'encontre des enfants des rues. Certains slaloment toute la journée entre les voitures pour vendre des bonbons, avant de rentrer chez leurs parents ; d'autres sont seuls au monde et s'allongent sur une bouche d'air chaud pour dormir. L'histoire de chacun est marquée par l'abandon et la lutte pour la survie. À la nuit tombée, ils se réfugient dans la drogue pour oublier la faim. La majorité sniffe la colle, mais tout est bon à prendre : alcool à brûler, éther, contenu des extincteurs. Silencieux, ils observent tout, pour tenter de comprendre à qui ils peuvent demander une pièce, qui détrousser, à qui échapper pour sauver leur peau.

Dans le nord du pays, dans des villes comme Fortaleza, c'est souvent à la prostitution infantile qu'ils succombent. Des gamines, talons hauts et cigarettes à la bouche, abordent sans complexe les milliers de touristes européens qui déboulent toute l'année sur ces plages. Les garçons se font efféminés ou machos pour séduire le public homosexuel. Ces enfants sont aussi la cible d'escadrons de la mort, souvent dirigés par des policiers. Leur mort se heurte alors à l'indifférence des classes moyennes, qui les perçoivent comme des dangers.

De fait, derrière le désespoir et le grand sourire enfantin, se développe souvent une violence inouïe, issue d'un cercle vicieux. Victimes depuis la naissance, ces gamins se font volontiers bourreaux, avec un véritable sentiment d'irréalité, bien transmis par *La Cité de Dieu*. À Rio de Janeiro, les habitants apprennent à changer de trottoir à l'approche d'un groupe d'adolescents de moins de quinze ans, c'est-à-dire ceux qui ont la gâchette ou le coup de couteau les plus faciles. Les enfants en sont parfaitement conscients. Lorsque, à un feu rouge, ils s'arrêtent à un passage clouté pour proposer un spectacle de jonglage ou de danse, leur premier geste est de relever haut leur t-shirt pour montrer qu'ils ne dissimulent aucune arme…

La scène a glacé d'horreur tout le Brésil. Le 7 février 2007, deux bandits arrêtent une voiture dans un quartier de la zone Nord de Rio de Janeiro. La femme au volant quitte précipitamment le véhicule et hurle à ses enfants, à l'arrière, d'en faire autant. Le petit João Hélio Fernandes, âgé de six ans, reste accroché à sa ceinture de sécurité, le corps à moitié dehors, quand les criminels commencent à rouler. Malgré les supplications de la mère et des habitants du quartier, ils continuent pendant un quart d'heure, traînant le petit garçon sur sept kilomètres. À l'arrivée, son corps est méconnaissable.

Le marché de la sécurité se nourrit de la psychose

Ils ont des costumes bien coupés, des épaules carrées et un sourire rassurant. Les professionnels de la sécurité sont les grands gagnants de la psychose de la sécurité, en particulier au sein des classes les plus favorisées. Leur métier ? Identifier les risques encourus par les Brésiliens fortunés et leur vendre gadgets et conseils pour y échapper.

L'ampleur des inégalités, combinée à l'absence de l'État dans l'espace public et à l'efficacité des gangs de la drogue, entretient un haut niveau d'insécurité. Chaque jour, à São Paulo, 800 personnes en moyenne sont attaquées et dépouillées de leur portefeuille, sac, voiture. Mais pour tous, la véritable terreur, c'est l'enlèvement. Il est en général « express » : la victime est privée de liberté quelques heures, le temps de retirer le maximum d'argent de ses cartes de crédit. Plus rare, l'enlèvement contre rançon vise les plus riches ou les personnalités. Régulièrement, les journaux annoncent qu'un membre de la famille d'un joueur de football à haut cachet a été séquestré.

Enfin, le dernier crime en vogue est le « faux enlèvement ». La victime reçoit un coup de téléphone d'un voyou qui l'assure détenir sa femme ou son fils, et promet de l'exécuter s'il ne reçoit pas au plus vite une somme d'argent. Comme preuve, il énonce le numéro de sa pièce d'identité ou de la plaque d'immatriculation de sa voiture. Des disques de ces données, piratées, sont en vente sur les trottoirs des villes. Dans

Ayant coûté la vie à un enfant de la classe moyenne, non des périphéries pauvres, l'épisode a fait la « une » des journaux pendant plusieurs jours. Un autre aspect a frappé les esprits : la violence gratuite.

L'affabilité incontestable des Brésiliens voisine avec un niveau de violence en progression constante depuis les années 1970, même si ce n'est pas une nouveauté. Les livres d'histoire glorifient une épopée brésilienne pacifique, qui a permis la déclaration de l'indépendance en 1822, puis de la République en 1889, sans effusion de sang. C'est oublier le massacre des Indiens, la violence de l'esclavage, l'assassinat des paysans sans terre ou la prolifération d'escadrons de la mort contre les marginaux. Le mythe a été cultivé avec d'autant plus de ferveur qu'il permet d'entretenir le *statu quo*.

la panique, beaucoup obtempèrent sans vérifier la véracité de la menace.

C'est contre ces attaques que les plus riches tentent de se prémunir. Les entreprises de sécurité leur proposent d'abord un diagnostic pour identifier les risques. Quel est le métier du client? Est-ce une figure visible de l'entreprise, combien gagnent ses employés de maison, quelles sont ses habitudes? Elles édictent des règles : changer de trajet régulièrement pour éviter une routine qui rend l'enlèvement facile, cacher les bijoux sous le siège de la voiture durant les longs trajets et, bien sûr, ne jamais s'arrêter au feu rouge à la nuit tombée. Vient ensuite la liste des équipements : des vigiles à l'entrée de l'immeuble, des caméras, voire une voiture blindée ou un hélicoptère.

Le Brésil compte au moins 600000 vigiles, plus que les effectifs de l'armée de terre, de la marine et de la police militaire réunis. Pour les entreprises, le potentiel est énorme. Avec moins de 500000 maisons ou appartements munis d'un système de sécurité, contre 25 millions aux États-Unis, le secteur a le vent en poupe.

Le Brésil a pourtant déjà dépassé l'Amérique au chapitre des extravagances. Plus de quatre-vingt-dix propriétaires ont installé dans leur sous-sol des bunkers, dans lesquels ils comptent se réfugier en cas d'attaques. Équipés de systèmes électriques propres, de réserves d'eau et de cartons de nourritures non périssables, ces mini-appartements sont conçus pour permettre de vivre jusqu'à un mois en réclusion.

Le pauvre s'entend répéter depuis sa naissance que la révolte ne fait pas partie de l'ADN brésilien.

Mais la dictature, qui a radicalisé les abus de l'État contre les plus pauvres, en l'étendant aux militants de gauche des classes moyennes, a banalisé la violence. Le « miracle économique » sous le régime militaire accroît les inégalités et les tensions. Dans les années 1980, période baptisée la « décennie perdue » dans toute l'Amérique latine, la dégradation économique se poursuit à mesure que les villes croissent de façon chaotique et que les trafics de drogue et d'armes s'étendent. À Rio, un automobiliste est braqué toutes les douze minutes. Le bilan annuel des homicides, bien qu'en amélioration, fait froid dans le dos : 4041 en 2012 dans l'État de Rio de Janeiro, et plus de 5000 disparus. Au Brésil, plus de 35 000 personnes meurent tous les ans par arme à feu, un chiffre digne d'un pays en guerre.

Une population carcérale hors de contrôle

Ce sont les plus pauvres qui tombent sous les armes, et qui remplissent les prisons. Bénéficiant des conseils de bons avocats, les personnes aisées parviennent souvent à obtenir une détention à domicile, même pour un meurtre ou le détournement de millions de reals, quand les plus défavorisés, sans défense, écopent de plusieurs mois pour le vol d'un shampoing. L'assistance juridique que l'État est censé leur offrir est inexistante. À São Paulo, chaque avocat commis d'office a en charge 5 478 détenus !

Un jeune Noir pauvre est le plus souvent présumé coupable aux yeux d'une société qui préfère l'enfermer sans s'assurer qu'il est l'auteur du crime. Le département pénitentiaire indique que près de 40 % des détenus sont en prison préventive, l'une des proportions les plus élevées au monde. La loi exige que le suspect soit traduit devant le juge dans un délai de 81 jours ; certains attendent depuis plus de deux ans. En 2008, un député chargé par le Parlement d'enquêter sur le système carcéral a révélé que plus de 9 000 personnes croupissaient encore dans des cellules après avoir purgé leur peine. Dans plusieurs États, les registres des prisons sont encore remplis à la main. Il suffit que le nom du détenu soit mal écrit, illisible, ou que la page le concernant ait disparu pour que le directeur soit incapable de trancher sur son sort. Dans le doute, il préfère oublier le détenu, dans des conditions de vie inhumaines.

Le surpeuplement des prisons a donné naissance à deux grandes organisations criminelles, le Commando rouge et le Premier Commando de la capitale, le PCC. Depuis le début des années 1990, ces groupes ont gagné en importance en négociant avec les directeurs de prison le maintien de l'ordre. Dépassés par l'explosion de la population carcérale – le Brésil comptait plus de 550000 détenus en 2012 contre 120000 en 1993 –, les États régionaux dont dépendent les questions de sécurité ont fermé les yeux sur leur montée en puissance.

Les matons, trop peu nombreux et sous-équipés, ont vu se structurer une véritable hiérarchie, qui a son propre vocabulaire. On distingue la « *voz* », la « *faxina* », et la « *disciplina* » (la voix, le nettoyage et la discipline). La « voix », c'est le chef incontesté des détenus, leur porte-parole dans les discussions avec la direction. Le « nettoyage » rassemble les prisonniers responsables de la propreté et de la distribution de la nourriture, ce qui leur donne du pouvoir et la liberté de circuler. La « discipline » est assurée par les médiateurs, chargés de punir les récalcitrants. Armes et téléphones portables circulent aisément. Derrière les barreaux, les barons de la drogue continuent à gérer leurs affaires, organisant la corruption de policiers ou l'exécution de délinquants désobéissants.

Régulièrement, la sortie clandestine d'un disque de musiques violentes, le « *Funk PCC* », en vente sur les trottoirs des grandes villes, confirme l'ancrage du gang parmi les délinquants. Sous couvert d'une lutte pour l'amélioration des conditions de vie des détenus, le PCC est devenu l'une des principales mafias contrôlant la drogue, le trafic d'armes et la prostitution. Les prisonniers doivent verser de l'argent tous les mois au PCC pour ne pas être inquiétés. Les contributeurs sont aussi nombreux à l'extérieur. « Comme ça, le jour où on tombe, on sait qu'on sera mieux traité en prison », expliquent les jeunes délinquants.

C'est ce réseau qui a permis en mai, juillet et août 2006 à Marcos Willians Herba, dit « Marcola », chef du PCC, de paralyser São Paulo d'un simple coup de fil, en commandant des attaques simultanées dans tout l'État. Furieux du transfert de certains prisonniers en cellules d'isolement, il organise une campagne de terreur dans la capitale économique, ordonnant à leurs acolytes libres d'exécuter tous les policiers qu'ils croisent. Plus de quarante officiers ont été exécutés en un week-end. Les représailles de la police – exécution de 300 délinquants – ont été terribles. Pendant une semaine, São Paulo a vécu au rythme d'un couvre-feu.

Le crime organisé a une autre origine, plus exotique : à la fin du XIXe siècle, le baron João Batista Viana de Drummond se pique de fonder à Rio de Janeiro le premier jardin zoologique. Pour attirer le chaland, il met en place une loterie. Chaque visiteur se voit remettre à l'entrée un ticket sur lequel est dessiné un animal, représentant un numéro. À la fin de la journée, un tirage au sort désigne le numéro et l'animal gagnant.

Le *jogo de bicho*, « jeu de l'animal », acquiert une telle popularité qu'il gagne rapidement son autonomie. Tous les *Cariocas* dignes de ce nom savent quel numéro correspond à chacun des vingt-cinq animaux, de l'autruche à la vache. Illégale mais tolérée, cette loterie quotidienne fait un tabac parmi les plus pauvres, car il est possible de miser des sommes très modestes.

Elle a aussi la réputation d'être l'une des seules institutions honnêtes du pays, puisque le vainqueur n'est jamais floué. Quel que soit le point de vente – en général, une personne assise sur un tabouret en plastique à proximité d'un bar ou d'un kiosque à journaux –, le vendeur qui rend compte à la « banque » paie ses gains au parieur. Présent dans tout le pays, le *jogo de bicho* est néanmoins contrôlé par une douzaine de « gros bonnets », les *bicheiros*. Le blanchiment de cet argent illégal se fait en grande partie *via* le carnaval, par le financement des écoles de samba dont les budgets se chiffrent en millions de reals. Il alimente aussi la corruption d'agents de l'État. Cette mafia gêne souvent celle du narcotrafic, provoquant des assassinats en série et cultivant le sentiment d'impunité.

6 Une démocratie raciale ?

INDIENS
ESCLAVAGE
IMMIGRATION EUROPÉENNE
JAPONAIS
ARABES
IMMIGRATIONS RÉCENTES
MÉTISSAGE
RACISME
DISCRIMINATION POSITIVE

Lorsque Stefan Zweig arrive au Brésil, traumatisé par la barbarie qui ravage l'Europe, il reste bouche bée devant ce qui lui semble un creuset parfait des races indienne, noire et blanche. Le spectacle de la rue lui inspire ces mots : « Il est touchant de voir les enfants aller bras dessus bras dessous, dans toutes les nuances de la peau humaine, chocolat, lait et café, et cette fraternité se maintient jusqu'aux plus hauts degrés, jusque dans les académies et les fonctions d'État. » L'écrivain autrichien a intégré l'image que le Brésil s'est construite depuis le début du XXe siècle, celle d'un peuple métis, né d'un flot d'immigrants, certains venus d'Europe, d'Asie ou du Moyen-Orient chercher fortune, d'autres, les Africains, venus de force.

De fait, le passeport brésilien est le plus recherché au monde par les faussaires : c'est l'un des seuls pays où un citoyen peut être aussi facilement blond aux yeux bleus, noir d'ébène, mulâtre, aux traits cosaques ou asiatiques. En 2010, le Brésil comptait environ 97 millions de descendants d'Africains, soit la moitié de sa population, devenant le deuxième plus grand pays noir au monde derrière le Nigeria. Pourtant, on est bien loin de l'« égalité absolue » que Stefan Zweig croyait observer. Les Indiens ont en particulier payé un lourd tribut au « creuset » brésilien.

Les Indiens, premiers habitants du Brésil

— Personne ne sait exactement combien étaient les Indiens à l'arrivée des Portugais. Les estimations oscillent entre 3 et 6 millions. Dans les premiers temps, les échanges entre conquérants et tribus indigènes, issues de deux grands groupes – les Guaranis, dans le bassin Paraná-Paraguay, et les Tupis le long du littoral –, se passent bien. Les Européens sont fascinés par ces « bons sauvages » qui marchent nus, et reconnaissants des faveurs sexuelles de leurs femmes. Très vite pourtant, la rencontre tourne à la tragédie. Les colons ont besoin de bras pour exploiter les gisements d'or et couper la canne à sucre.

Face au refus des Indiens, jaloux de leur liberté, ils n'hésitent pas à recourir à la force. Malgré l'opposition de l'Église, selon laquelle les Indiens ont une âme, des expéditions sont organisées pour capturer des travailleurs forcés. Les Guaranis sont la cible privilégiée : agriculteurs sédentaires, ils sont plus adaptés au travail de la terre que les nomades tupis. Les Portugais jouent avec brio des rivalités entre Indiens pour adjoindre des guerriers à leurs raids.

Mais cette main-d'œuvre s'épuise rapidement. Les Indiens fuient à l'intérieur du pays ou se réfugient dans les missions jésuites, installées dans des contrées de moins en moins accessibles. Ils sont aussi décimés par des épidémies de grippe, rougeole ou variole, maladies jusqu'alors inconnues au Brésil, contre lesquelles leurs corps ne peuvent se défendre. En 1800, les Indiens ne sont plus qu'un million, et à peine 360000 à l'indépendance. Au XIXe siècle, le désastre se poursuit avec l'exploitation du caoutchouc en Amazonie. Enrôlés de force en tant que *seringueiros*, dont la fonction est de saigner les arbres pour en récupérer la précieuse substance, ils succombent, terrassés par la fatigue ou la maladie.

Depuis le début des années 1990, la décision du gouvernement d'attribuer à des groupes de tribus des réserves et l'amélioration de la situation sanitaire ont permis de renverser la tendance démographique. De 350000 en 1991, les Indiens sont passés à 734000 en 2000 et 896000 en 2013 selon les statistiques officielles, et maintiennent l'usage de 180 langues. Ils sont réunis au sein de 225 ethnies. Certaines, minuscules (moins de quarante personnes), sont cependant menacées d'extinction.

Malgré cette faiblesse numérique, l'héritage des Indiens est présent dans le patrimoine du pays. Les pommettes hautes de nombreux Brésiliens rappellent que les premiers descendants des Portugais étaient de mère indienne. On les appelait les « *mamelucos* », peut-être en référence à « *membi oca* », le « fils de la maison » en langue tupi, mais aussi aux Maures que les Portugais ont combattus et côtoyés pendant des siècles. C'est sans doute aux Indiens que les Brésiliens doivent leur hygiène scrupuleuse. À leur arrivée, les Européens, qui considéraient l'eau avec répugnance, s'étonnaient de voir des tribus entières prendre plusieurs bains quotidiens. L'héritage indigène est également très net dans le vocabulaire : la plupart des termes utilisés pour désigner les plantes, les animaux et les lieux géographiques ont été empruntés aux premiers habitants du pays.

Le champion du monde de l'esclavage

Privés de la main-d'œuvre indigène, les *fazendeiros* recourent, dès 1540, aux esclaves africains. Mais c'est à partir de 1570, avec le boom de l'économie sucrière, que le rythme s'emballe : quelque 50000 personnes sont importées en trente ans. Transportés par des bateaux négriers français, hollandais, anglais et portugais, ces esclaves coûtent plus cher que les Indiens, mais l'investissement est jugé « rentable ».

Le mythe fondateur de Zumbi dos Palmares

Le *quilombo* le plus fameux, dont l'histoire a été portée au grand écran par Caca Diegues en 1984 (*Quilombo*), est aussi l'un des tout premiers. L'histoire du village de Palmares, remarquable par sa longévité et par son modèle d'organisation sociale, commence dans le Nordeste vers 1580.

Au cœur d'une plantation, une quarantaine d'esclaves se révoltent et s'enfuient vers les terres de Palmares, ainsi baptisées du fait de la profusion de palmiers. Le groupe choisit une montagne qui surplombe toute la région, un lieu d'observation idéal pour se protéger des attaques des *fazendeiros*. Car ces derniers ne tardent pas à armer des milices pour tenter de détruire le *quilombo*. Ils échouent : aux quarante fuyards des premiers jours se sont joints d'autres esclaves.

Ils mettent sur pied une économie fondée sur l'autosubsistance, en cultivant manioc et pommes de terre et en élevant des volailles. Ils organisent des attaques rapides aux alentours pour se doter d'outils de travail, et enlever des femmes. Le camp précaire se transforme au fil des années en un territoire d'environ 350 km du nord au sud. Onze villages s'y dressent autour d'une capitale, Macaco, protégée par des enceintes de bois et de pierres.

Devenu symbole de la résistance face à l'oppression des grands propriétaires Palmares attire toujours plus d'esclaves en fuite, mais aussi des métis, des Indiens et des Blancs pauvres. Au milieu du XVIIe siècle, ils sont au nombre de 20000. Ils ont leur propre gouvernement, constitué d'un roi, de ministres et de chefs militaires.

Excédé par cette poche de dissidence et l'espoir qu'elle suscite parmi les esclaves, le pouvoir colonial multiplie les attaques, provoquant une division au sein du *quilombo*. Conduite par le roi Zumbi, une majorité plaide pour la résistance, alors qu'un autre groupe voudrait négocier la paix. Les autorités profitent des dissensions pour préparer l'assaut final. Une armée de 9000 hommes, la plus importante de l'histoire du Brésil jusqu'alors, massacre des centaines d'habitants et tue le roi Zumbi. Au bout d'un siècle de résistance, le *quilombo* est vaincu, mais est déjà devenu un mythe.

Les *quilombos* n'ont pas disparu avec l'abolition de l'esclavage. Plusieurs communautés noires font toujours le choix de rester coupées du monde. Elles survivent grâce à l'artisanat et à une petite agriculture, en tentant de préserver leur identité culturelle. Aujourd'hui, on en dénombre près de 3000 au Brésil, concentrant 1,7 million de personnes, dans le plus grand dénuement.

Zumbi est devenue la figure martyre des mouvements de revendication noirs, qui ont déclaré le 20 novembre, date présumée de son exécution, « journée de la conscience nègre ». Rio de Janeiro et São Paulo en ont fait un jour férié, tout comme 1047 des 5 561 municipalités du pays.

Lorsqu'un Africain survit à la traversée harassante, sa « durée de vie productive » est plus longue, même si elle ne dépasse pas huit ans, du fait des conditions de travail inhumaines. Mal nourris, battus, enchaînés, ces esclaves sont dans une misère affective totale, privés de leur environnement géographique et familial, débarqués dans un pays dont ils ne comprennent ni la langue ni les coutumes. Améliorer leur quotidien n'est que rarement la priorité des patrons, qui préfèrent exploiter leurs forces jusqu'à la mort avant de « renouveler » la main-d'œuvre par de nouvelles acquisitions.

Les esclaves n'ont pas tous le même statut, mais obéissent à une hiérarchie instituée par le pouvoir colonial. Aux Indiens asservis, baptisés « *escravos da terra* », s'ajoutent les *escravos da Nação*, qui viennent d'Afrique, puis la deuxième génération, les *crioulos*, nés au Brésil. Celui qui travaille dans une plantation ou dans la mine, l'*escravo do eito*, connaît une existence beaucoup plus dure que l'*escravo domestico*, qui travaille à la cuisine ou prend soin de ses maîtres, ou que l'*escravo do ganho*, qui gagne sa vie par ses propres moyens en tant que commerçant, maçon ou menuisier, et remet ses gains à son maître.

En trois siècles, le Brésil devient le champion de l'esclavage, en organisant la déportation d'environ 4 millions de personnes. Selon les époques, les esclaves ont plusieurs provenances : Gambie et Sénégal au XVIe siècle, Congo et Angola au XVIIe, Ghana et Bénin au XVIIIe. Leurs propriétaires prennent soin de mêler les ethnies pour raviver les tensions traditionnelles et empêcher la communication.

Malgré tout, les esclaves ne se soumettent pas. Des groupes se soulèvent, et parviennent parfois à prendre fuite. Ils se réfugient dans des *quilombos*, villages à partir desquels ils organisent leur résistance. Le plus fameux est celui de Palmares (*voir encadré*). Systématiquement réprimés, ces mouvements ne laissent souvent aux esclaves d'autre choix que la révolte individuelle, la fuite ou, pour certains, le suicide.

Dès les premiers temps de la colonisation, le Portugal a décidé que l'esclavage était la seule solution viable pour exploiter le territoire. Au lendemain de la proclamation d'indépendance, en 1822, les autorités n'ont pas changé d'avis. Le Brésil compte alors près de 4 millions d'habitants, dont 30 % d'esclaves, concentrés dans le Nordeste, le Minas Gerais et à Rio de Janeiro.

Attisé par la Grande-Bretagne, qui plaide pour la fin de ce commerce de la honte, le débat sur l'abolition domine toutefois le siècle. Dès 1824, le ministre José Bonifácio de Andrada propose d'en finir avec l'esclavage et de doter Indiens et Noirs du statut de citoyen. La proposition bute sur les pressions économiques et les craintes de sécession de Bahia et du Pernambuco – c'est l'époque où l'Empire espagnol explose en une myriade de Républiques indépendantes.

Alors que la pression internationale se fait plus insistante, le trafic s'accélère, pour emmagasiner le plus d'esclaves possible, plus d'un demi-million au cours des vingt dernières années. Spéculation aidant, ils se négocient à prix d'or. Finalement, en 1851, l'on décrète la fin de la traite, aussitôt remplacée par un trafic interne pour fournir des bras aux plantations de café des provinces du Sud, telle São Paulo. L'empereur Pedro II se joint aux abolitionnistes et commence à anoblir les familles relâchant leurs esclaves.

Acculé, le Congrès vote en 1871 la loi du « ventre libre », qui affranchit les enfants nés de mère esclave. Quatorze ans plus tard, la mesure est étendue aux plus de soixante ans. Ce n'est que le 13 mai 1888 que le Parlement vote la loi d'or, l'abolition totale et immédiate de l'esclavage, sans compensation. Les archives concernant le trafic sont brûlées, comme pour oublier cette parenthèse sinistre de plus de trois siècles. Pour l'empereur, c'est la fin : en défendant le parti de l'abolition et la distribution de parcelles cultivables aux esclaves libérés, il a rompu le fragile pacte qui l'unissait aux barons de la terre. La monarchie tombe en 1889.

Le processus d'abolition de l'esclavage illustre l'habileté des élites à ne faire des concessions que quand l'issue est inéluctable. En lâchant prise, elles prennent soin de sauver l'essentiel, la propriété de la terre, qui ne sera pas soumise à une réforme agraire. Du jour au lendemain, un million d'esclaves découvrent la liberté et, avec elle, la misère. Sans terre ni formation, ils sont en concurrence sur le marché du travail avec les nouveaux immigrés, qui commencent à arriver d'Europe. D'esclaves, ils deviennent des citoyens de seconde zone.

Malgré son abolition il y a plus de cent vingt ans, le travail esclave existe toujours. Selon l'Organisation internationale du travail (OIT), le Brésil compterait 25 000 ouvriers dans cette situation. Le scénario est toujours le même : un intendant agricole sillonne des villages pauvres et offre aux chômeurs un travail soi-disant bien payé. Pour convaincre le futur « salarié », il lui verse une avance et l'invite à fêter l'événement autour d'une bouteille.

À l'arrivée, la nouvelle recrue se retrouve dans une *fazenda* coupée du monde, et apprend qu'elle a accumulé une dette phénoménale, liée au coût du voyage, à l'hébergement et à la boisson. C'est le début de la descente aux enfers. Dans la *fazenda,* le seul « magasin » appartient au patron. Les denrées et médicaments, plus chers qu'ailleurs, sont les seuls accessibles. Le travailleur dépense plus qu'il ne gagne; sa dette ne cesse de croître. Le patron ne le paie jamais, arguant que son travail rembourse la dette. S'il tente de fuir, l'ouvrier agricole est rattrapé, battu, voire exécuté pour l'exemple. Le phénomène existe également dans les villes, dans le secteur textile, où il touche des travailleurs originaires de Bolivie.

Si le Brésil n'est pas une exception, c'est toutefois le premier pays au monde à reconnaître officiellement l'existence du travail esclave. Pour le combattre, le gouvernement a lancé une campagne d'information et commencé à dresser une « liste noire » d'entreprises perpétuant cette pratique, pour les priver de crédits bancaires, même si l'étendue du territoire rend la répression difficile. Au cours de la seule année 2012, le ministère du Travail a libéré 2094 travailleurs esclaves, plus de 30000 depuis 1995.

Portugais, Allemands, Suisses, Italiens, Espagnols, Français, Russes, Polonais, Ukrainiens…

Ce n'est que tardivement que le Brésil a été perçu par les Portugais comme une terre d'immigration. Peu nombreux, ils étaient plutôt attirés par les colonies d'Afrique et d'Extrême-Orient, plus riches en apparence.

Les découvertes de gisements aurifères, puis du potentiel de la canne à sucre les amènent à réviser leur jugement. Sur place, les locaux veulent faire venir leurs compatriotes, des femmes surtout, qui manquent cruellement. Même les prostituées de Lisbonne sont bienvenues, sûres de trouver un mari au Brésil. Mais cela ne suffit pas pour coloniser l'immense Brésil. Il faut davantage de Blancs, d'Européens, perçus au XIXe siècle comme la clé du progrès.

Les germanophones lancent le mouvement, rassurés par la Cour impériale. L'héritier du trône, Dom Pedro, fils du roi João VI, a en effet épousé une Autrichienne, Leopoldina. En 1820, des communautés allemandes et suisses débarquent au Brésil et fondent la ville de Nova Friburgo, à proximité de la capitale. Mais c'est dans le grand Sud, dans les États actuels du Rio Grande do Sul, Santa Catarina et Paraná, que s'épanouit cette immigration. Étrangers à la mentalité esclavagiste, ces nouveaux venus forment des communautés autosuffisantes, où toutes les professions sont représentées, du petit artisan au patron d'entreprise. Protestants, ils cultivent les valeurs de la mère patrie et continuent le plus souvent à parler allemand.

Ce n'est qu'à partir de l'abolition de l'esclavage que l'immigration européenne s'accélère, avec l'arrivée en masse des Italiens. Chassés par les guerres de réunification de l'Italie et les débuts de l'industrialisation, des paysans souvent misérables tentent leur chance dans la région caféière, à proximité de São Paulo. Au total, entre 1888 et 1940, plus de 4 millions d'Européens traversent l'Atlantique. Après les Portugais (1,77 million), les Italiens sont les plus nombreux (1,6 million), suivis par les Espagnols (780 000, en particulier de Galice) et les Allemands (300 000). Les autres communautés (Français, Russes, Polonais, Ukrainiens) sont moins nombreuses, mais visibles du fait de leur concentration géographique.

Alors que les États-Unis, qui offrent aux immigrants terres et financements, sont les plus attractifs, le Brésil apparaît aux Européens comme une solution de rechange, où il n'est pas facile de se faire une place. Soucieux de se garantir une main-d'œuvre fidèle, les propriétaires brésiliens ont en effet obtenu un arsenal législatif empêchant les travailleurs agricoles immigrés d'acquérir des terres. Les conditions de travail, proches de l'esclavage, découragent rapidement la majorité de ces nouveaux arrivants, qui préfèrent tenter leur chance en ville.

São Paulo devient ainsi la première métropole italienne d'Amérique du Sud, comme en témoigne encore aujourd'hui le quartier de Bexiga. Les Italiens introduisent leur alimentation – la pizza est le plat pauliste par excellence, rendez-vous obligé du dimanche soir –, leur accent chantant et leurs idées anarchistes et communistes. En quelques années, les Européens bousculent les valeurs esclavagistes de la société en introduisant l'idée de lutte des classes. Une catastrophe pour les grands propriétaires qui cherchent à renverser la tendance en faisant venir une main-d'œuvre réputée plus « docile », les Asiatiques.

Les « nikkeis », première diaspora japonaise au monde

Tous les matins, dans le parc d'Ibirapuera, au centre de São Paulo, des dizaines de personnes se retrouvent pour une heure d'élongations. En silence, elles suivent les indications de la radio Taisso, « gymnastique » en japonais. C'est l'une des traditions perpétuées par les descendants de l'immigration japonaise, l'une des plus intéressantes de l'histoire du Brésil.

Le 18 juin 1908, le cargo *Kasato maru* accoste au port de Santos avec 781 Japonais à son bord. Après avoir longtemps considéré l'immigration comme une façon de « blanchir » le pays, les autorités brésiliennes ont surmonté leurs réticences pour répondre aux revendications des cultivateurs de café, en manque de bras. Une excellente solution pour le Japon en crise, incapable de combattre la misère dans ses campagnes surpeuplées. À Santos, les premiers Japonais suscitent la curiosité. La presse les décrit comme « propres et disciplinés », et se félicite de leur enthousiasme. Les arrivants se représentent volontiers le Brésil comme l'Eldorado.

L'illusion est de courte durée. Dès l'arrivée, les migrants sont placés dans des trains, puis éparpillés dans les plantations de café de l'État de São Paulo. Le travail est dur, les conditions de vie, précaires. Les Japonais se sont endettés. Ils doivent travailler au moins deux ans pour rembourser le prix du billet de bateau. Certains fuient vers la ville, où ils se font teinturiers et petits commerçants. Les autres commencent à enrichir l'agriculture locale en appliquant des techniques intensives jusqu'alors inconnues. Devenus propriétaires de petites plantations, ils s'organisent en coopératives pour mieux vendre leurs produits. Ils se vivent encore comme des *Zaihaku-Houjin*, des « Japonais vivant au Brésil ».

La Seconde Guerre mondiale change la donne. En 1942, le Brésil a choisi le camp des Alliés, dans une atmosphère de

L'héritage japonais, de la tong au haïku

À l'étranger, elle est l'emblème du Brésil : la tong en caoutchouc a conquis les pieds de toute la population, des quartiers chic aux favelas. Depuis son lancement par l'enseigne *Havaiana*, en 1962, il s'en est vendu plus de 2,4 milliards de paires, dans le monde entier. Un succès qui fait oublier qu'à l'origine elle est d'abord une copie de la *zori*, la sandale à semelle de paille importée par les immigrants japonais.

Fidèles à leur patrimoine culturel tout en étant fiers de leur passeport brésilien, les quelque 1,5 million de descendants de Japonais ont imposé leur marque. Dans l'alimentation d'abord : déroutés par les produits tropicaux, ils ont introduit leurs sauces, épices et cultures. À commencer par le soja, dont le Brésil est aujourd'hui le deuxième exportateur mondial. Ce sont aussi les Japonais qui, lassés des faibles rendements du café, inculquent les méthodes de culture intensive dans les exploitations de légumes autour de São Paulo. Leur influence sur la gastronomie est considérable. À l'apéritif, la bière est accompagnée d'amandes croquantes, imprégnées de sauce au soja, et l'on mange du sushi à tous les coins de rue.

Présent dans les jardins, le chrysanthème, symbole de la famille impériale japonaise, et la fleur de lotus étaient dans les bagages des premiers arrivants. La mode des bonzaïs a donné naissance à une espèce introuvable hors du Brésil, le bonzaï de jabuticaba. Sur le terrain sportif, les Japonais ont fait connaître le *gateball*, un criquet japonais prisé par les personnes âgées, qui se joue toujours dans les banlieues de São Paulo.

En littérature, un mouvement de la poésie brésilienne, dite « concrète », dont Augusto de Campos est le principal représentant, a emprunté au haïku le rythme de trois vers. Enfin, la géographie garde des traces de l'implantation rurale des premiers immigrants, comme dans le Paraná, à Assai : le nom de la ville est une transposition d'« *asahi* », « soleil levant » en japonais.

nationalisme exacerbé. Les Nippo-Brésiliens sont alors perçus comme des ennemis. Leurs associations sont interdites, tout comme l'usage du japonais. En 1945, les plus vieux refusent de reconnaître la défaite du Japon et crient à la propagande. Pendant longtemps, ils croiront que le Japon a gagné la guerre. Leurs enfants sont plus lucides.

Conscients de la débâcle de leur pays d'origine, ils commencent à se revendiquer Brésiliens à part entière. Aux *isseis*, les immigrés de la première génération, succèdent les *nisseis* (deuxième génération), les *sanseis* (troisième), les *yanseis* (quatrième), et ainsi de suite. Les descendants ne répugnent désormais plus à se marier en dehors de la communauté. Les deux tiers des *yanseis* ont au moins un grand-parent non japonais. Aujourd'hui, certains descendants font le chemin inverse; ce sont les « *dekasseguis* ». Ils envoient quelque 800 millions de dollars tous les ans au pays, rien à voir avec les 5 milliards atteints quand l'économie de l'Archipel était dynamique. Beaucoup abandonnent et rentrent au Brésil.

Tout le contraire de leurs arrière-grands-parents un siècle plus tôt. Des quelque 190000 agriculteurs venus avant la Seconde Guerre mondiale, seuls 10 % sont repartis au Japon. Surnommés les « *nikkeis* », les Brésiliens d'origine nippone sont aujourd'hui près de 1,5 million. Première diaspora japonaise au monde, ils sont concentrés à São Paulo, au sein du quartier de Liberdade. Les restaurants y sont dignes de concurrencer les meilleures adresses de Tokyo, la presse est bilingue et, à l'entrée du métro, le bouquet accroché obéit scrupuleusement aux règles de l'*ikebana*, l'art japonais de la composition florale. Derrière les enseignes en japonais, les vendeurs changent pourtant avec l'arrivée de nouvelles communautés asiatiques, chinoise et coréenne en majorité.

La communauté arabe

Une boutade rappelle que si le Liban compte 4 millions d'habitants, les Libanais sont au moins le double au Brésil. Née en 1880, la communauté arabe brésilienne est essentiellement composée de descendants de Libanais, de Syriens et, dans une moindre mesure, de Palestiniens. Ils sont encore aujourd'hui surnommés les « Turcs » en souvenir de l'Empire ottoman, dont ils dépendaient à l'époque.

Beaucoup n'avaient pas la moindre notion de ce que représentait le Brésil, tout au plus qu'ils allaient « en Amérique », ce qui pour eux se confondait souvent avec les États-Unis. On peut imaginer leur choc à la première descente du bateau, à Belém, aux portes de l'Amazonie. Nombreux y sont pourtant restés, pour profiter du boom du caoutchouc. Fuyant la crise économique et les persécutions religieuses, les Arabes constituent dès le début du XXe siècle un groupe important : en 1920, ils sont déjà 50000.

Leur assimilation est rapide, qu'ils soient chrétiens (majoritaires) ou musulmans. La plus grande partie s'installe à São Paulo, le cœur économique, où ils sont fidèles à leur réputation de commerçants. On leur doit la rue 25 de Março, l'une des artères les plus animées du centre. Près d'un siècle après leur arrivée, ils sont à la tête d'empires industriels et de grandes banques. D'autres se sont fait un nom dans la politique, dans la littérature ou dans la médecine. L'hôpital syro-libanais de São Paulo est l'un des deux meilleurs de la métropole, l'autre étant l'hôpital Albert-Einstein, créé par la communauté juive. À partir de 1975, la guerre du Liban a provoqué un nouvel afflux. Ces nouveaux immigrants rejoignaient un cousin, un oncle ou un ami arrivé des années auparavant.

La communauté est dispersée dans tout le pays. Hormis São Paulo, les descendants de la conquête du caoutchouc ont fait souche à Manaus, capitale luxuriante de l'Amazonie. D'autres ont préféré Foz de Iguaçu, à l'ouest. Située à la frontière de l'Argentine et du Paraguay, cette ville a connu un boom économique suite à la construction du barrage d'Itaipu, dans les années 1970. Elle est aussi le centre de tous les trafics commerciaux, licites ou illicites. Sa ville jumelle au Paraguay, Cidade de Leste, accueille des milliers d'entreprises d'importation, profitant d'une fiscalité généreuse. Textiles, ordinateurs, pneus et écrans plats traversent la frontière, le plus souvent clandestinement, pour échapper aux taxes douanières. Les biens sont ensuite acheminés par camion vers les grandes villes brésiliennes. L'illégalité est parfois double : aux côtés de l'électroménager se trouvent aussi des armes et de la drogue, destinées aux gangs. Autrefois aux mains de familles arabes, ce commerce est aujourd'hui contrôlé par les mafias coréenne et chinoise.

Depuis les attentats contre le World Trade Center de New York en 2001, la communauté arabe souffre de nombreuses persécutions, en particulier côté paraguayen. Les États-Unis, convaincus que la « triple frontière », cette zone où se croisent les limites de l'Argentine, du Brésil et du Paraguay, est en passe de devenir un nid de terroristes, exigent des Paraguayens qu'ils jettent en prison de nombreux commerçants d'origine arabe. Ils n'ont en revanche pas obtenu la collaboration du Brésil, qui défend ses ressortissants quelle que soit leur origine.

La fin du XXe siècle a inauguré une nouvelle ère de l'immigration. Les Chinois ont fait leur apparition, accompagnant le boom des exportations asiatiques de produits de consommation, de l'industrie plastique à l'électronique en passant par le textile. Ils seraient un demi-million à São Paulo.

L'Amérique latine n'est pas en reste. Attirés par le niveau de vie et les emplois de la première économie de la région, les Boliviens arrivent en masse. Ils fournissent à São Paulo une main-d'œuvre peu coûteuse et volontiers maltraitée dans le textile, et leurs danses folkloriques. Ils sont suivis par les Argentins, les Uruguayens, mais aussi les Péruviens, que l'on retrouve par dizaines à vendre des colliers sur les plages de Rio de Janeiro. Beaucoup ne sont pas en règle : avec 400 000 immigrés clandestins estimés, le gouvernement organise régulièrement des régularisations de masse.

Le Brésil s'est aussi transformé en pays d'accueil, le premier d'Amérique latine, pour les réfugiés politiques. Au cours de la dernière décennie, il a approuvé 44 % des demandes d'asile, un taux très généreux par rapport à l'Europe (où il oscille entre 1,9 % et 5 %). Ce sont pour la majorité des Africains, en particulier d'Angola et de Côte-d'Ivoire, mais aussi d'Irak (beaucoup de Palestiniens) et de Colombie.

L'ONU considère que le mélange ethnique brésilien et la pluralité religieuse font du pays une destination idéale. Quiconque peut s'y reconstruire une vie. Brasília fait de gros efforts pour assimiler ces nouveaux venus, qui fuient guerres et génocides. Il leur propose des cours de portugais et leur verse une allocation financière durant les premiers mois pour les aider à s'installer. À l'arrivée, les enfants reçoivent un ballon de football, considéré comme le meilleur passeport pour l'intégration.

Le pays du métissage

Au lendemain de l'indépendance, les élites brésiliennes veulent à tout prix prendre leurs distances par rapport aux colonisateurs portugais. Le rôle des Européens est dévalué, alors que la littérature, notamment les romans de José de Alencar (*Iracema, O Guarani*), exalte l'héritage des premiers habitants, symboles de courage et de liberté. Que ces peuples célébrés n'aient rien à voir avec les véritables Indiens, en voie d'extinction, parfois soumis à l'esclavage et dépossédés de leurs terres, importe peu. D'ailleurs, l'engouement ne dure pas.

À l'orée du XXe siècle, l'imaginaire de la société change de cap, sous l'influence de l'immigration européenne. L'élite brésilienne est convaincue que le sang non blanc, réputé « léthargique », est à l'origine des problèmes de santé et du retard économique du pays. Mais, contrairement à la traditionnelle conception raciste, qui prône l'exclusion des autres races pour préserver la blanche, les Brésiliens parient sur les mélanges pour « blanchir » la société. Les scientifiques rivalisent de théories expliquant que les fils et petit-fils de métis sont, à force de mariages avec les immigrants européens, un peu plus blancs à chaque génération.

Ce n'est qu'à partir des années 1930 que la diversité ethnique cesse d'être présentée comme un retard, pour être revendiquée comme la caractéristique de l'homme brésilien. Là encore, la littérature traduit cet éloge du métissage à travers un roman, *Macunaíma*, du moderniste Mário de Andrade. Son héros, né en Amazonie d'une mère indienne,

« Aquarelle du Brésil » aux 136 couleurs

Qui est noir au Brésil ? Les recensements n'ont pas toujours abordé clairement la question de la couleur, et lorsqu'ils ont commencé à le faire, ils ont fait appel à l'autodéclaration. Mais alors qu'aux États-Unis les distinctions raciales sont tranchées, dépendant de l'ascendance, les limites sont floues au Brésil, où beaucoup d'autres critères entrent en jeu.

L'ancien secrétaire d'État américain Colin Powell, fils de Jamaïcains, est considéré comme Noir aux États-Unis. Au Brésil, il serait tenu pour Blanc du fait de son importance politique. L'identification raciale varie selon la situation sociale, le niveau de revenu, le mariage ou la tenue vestimentaire. Dans un recensement, elle dépend aussi du lieu de l'enquête : on se reconnaîtra plus facilement Noir à Bahia, où l'héritage africain est valorisé et revendiqué, que dans le Sud-Est. Elle dépend aussi de celui qui pose la question : l'interrogé se dira plus ou moins Noir ou Blanc, selon l'apparence de son interlocuteur.

L'idéologie du métissage ayant pénétré toutes les couches de la société, l'administration a cherché à la représenter en introduisant dans son recensement de 1950 la nuance *pardo*, « gris ». La véritable surprise est venue en 1976, après qu'une enquête auprès des ménages eut demandé aux Brésiliens de définir eux-mêmes la couleur de leur peau. On a vu émerger une palette de 136 couleurs, une « aquarelle du Brésil », pour reprendre le titre d'une chanson célèbre.

Au-delà du noir et du blanc, les Brésiliens usent des couleurs, mais aussi des références géographiques ou des métaphores. On trouve ainsi pêle-mêle la cannelle, le cuivre, le blanc pâle, le blanc sale, le châtaigne, l'étonnant bleu pour qualifier le noir profond, mais aussi les qualificatifs « couleur de rose », « couleur de blé », « couleur brûlée de plage » ou « polonaise » et « galicienne ».

évolue dans tout le pays, à la conquête de São Paulo en changeant de couleur : il devient blanc sous une pluie magique, avant de noircir. Symbole de ce métissage, Nossa Senhora da Conceição Aparecida, sainte moitié noire et moitié blanche, devient la patronne du Brésil.

Le sociologue Gilberto Freyre systématise ce mythe fondamental de la nation métisse dans son ouvrage *Maîtres et esclaves*, quitte à décrire de façon très idéalisée les relations entre les différentes communautés. La société récupère et réhabilite les grands symboles de la culture noire. Salvador de Bahia, où les Noirs, majoritaires, ont conservé leur culture, incarne cette revalorisation. La *feijoada*, qui mêle le blanc du riz et le noir du haricot, est érigée au rang de plat national. Jadis interdite, la *capoeira*, danse dérivée d'une lutte d'origine angolaise, devient le sport brésilien par excellence. Le *candomblé*, religion créée par les Noirs qui voulaient vénérer les dieux de leur terre tout en feignant d'embrasser le catholicisme, gagne des adeptes dans toutes les couches sociales. Même le carnaval, jadis réservé à l'élite blanche de Rio de Janeiro, appartient à tous.

Du « racisme cordial » à la discrimination positive

Racistes les Brésiliens ? Quand on leur pose la question, ils sont 90 % à se déclarer totalement dépourvus de préjugés raciaux... et tout autant à déclarer connaître des personnes racistes dans leur proche entourage. Le mythe de la fusion des trois races renforce l'idée qu'il n'y a pas de relations de domination entre elles.

De fait, contrairement à l'Afrique du Sud, la ségrégation prend au Brésil des allures subtiles, sans violence apparente. Pour ironiser sur la légendaire « cordialité » nationale, on a surnommé le phénomène « racisme cordial ». Car le panorama qu'offre la société reste, cent vingt ans après l'abolition de l'esclavage, celui de la discrimination raciale. En 2012, le salaire moyen d'un Noir est toujours de 36 % inférieur à celui d'un Blanc. Confinés aux métiers les plus dévalorisés – tâches domestiques, agriculture, construction civile –, les Afro-Brésiliens travaillent le plus souvent dans le secteur informel, ce qui les prive de couverture sociale et de pension de retraite. Parmi les 10 % les plus pauvres de la population, 73 % sont noirs ou métis.

Tous les autres indicateurs reproduisent l'injustice : près de 8 % des Noirs sont analphabètes, contre 3,5 % des Blancs, leur espérance de vie est de six ans plus courte et ils sont largement majoritaires dans les prisons. En corollaire, la « réussite » la plus communément admise pour un Noir se limite au terrain de football et à la musique. Les Noirs comme les Indiens restent pratiquement absents du monde académique et de l'économie. Sur le terrain politique, la discrimination vire à la caricature. En 1988, l'Assemblée constituante ne comptait que sept Noirs et mulâtres et aucun Indien. Ils étaient 8 % en 2011, très en dessous des 50 % de la population noire ou mulâtre. Un projet de loi envisage de mettre en place un quota facilitant leur élection.

La « cordialité » du racisme a son revers : moins radicale que dans d'autres pays, la ségrégation a suscité au Brésil peu de mouvements en faveur des droits des Noirs, limitant la revendication d'une discrimination positive. Lula est le premier président à reconnaître la réalité du racisme et à tenter d'y apporter des réponses. Parmi ses initiatives, rappelons la création d'un secrétariat pour la Promotion de l'égalité raciale, avec le statut de ministère, et la nomination du premier juge noir au Tribunal suprême fédéral. Partisan de l'incorporation de l'histoire et de la culture afro-brésiliennes dans les programmes d'enseignement, Lula s'est également rendu, dès 2003, en Afrique. Au Bénin, il a visité la « Porte de non-retour », où les esclaves étaient embarqués. Fait inédit pour un président brésilien, il reconnaît publiquement la « dette » du pays envers les Africains, qui ont, selon ses dires, aidé à donner naissance à « l'un des peuples les plus joyeux et les plus magnifiques sur la Terre ».

En 2005, une poignée d'universités publiques ont pris l'initiative de réserver des places aux Noirs et aux Indiens. Une révolution mal perçue par certains ; une partie du monde académique a multiplié pétitions et recours juridiques, arguant que les « quotas suscitent le racisme ». La même année, le gouvernement, favorable aux politiques de discrimination positive, contournait les résistances du Congrès en introduisant la bourse ProUni, destinée aux étudiants les plus pauvres, souvent noirs, dans les universités privées. Ces dernières ont accepté la proposition gouvernementale en échange de cadeaux fiscaux.

En octobre 2012, le Congrès a voté une loi exigeant des universités fédérales qu'elles destinent 50 % de leurs admissions aux élèves issus de l'école publique, dont la moitié pour les familles modestes. Le quota des Noirs, mulâtres et Indiens sera calculé par État, en fonction de leur poids démographique. En dix ans, la proportion de Noirs à l'université a triplé, passant de 10,2 % à 35,8 %. Une étude de l'université de l'État de Rio de Janeiro (UERJ), pionnière dans la mise en place des quotas, démontre que la performance des étudiants entrés par le biais de la discrimination positive est au moins aussi bonne que celle des autres.

7 Puissants d'hier et d'aujourd'hui

« CORONELISMO »
SYSTÈME ÉLECTORAL
CORRUPTION
LOBBIES
SYSTÈME FINANCIER
MÉDIAS

D'ABORD CÉDÉ à une poignée de capitaines, dans les premiers temps de la colonie, le contrôle de la terre est ensuite revenu à des *fazendeiros*, exploitant des surfaces toujours plus grandes grâce à la main-d'œuvre esclave. Dans ce contexte, l'État est perçu comme un mécanisme au service des puissants face à une masse d'ouvriers agricoles misérables abandonnés. L'abolition de l'esclavage n'y a pas changé grand-chose. Refusant toute réforme agraire, le Brésil ne distribue de terres ni aux Noirs affranchis, ni aux immigrés venus d'Europe et d'Asie. Ce faisant, il fixe pendant longtemps un réseau de relations entre le « patron » et les « humbles » qui travaillent sur son domaine ou cherchent à y travailler. La rareté de la terre, de l'eau ou de l'emploi permet au patron de distribuer comme il l'entend ces biens. Sans droits, les plus pauvres se tournent vers les patrons pour en obtenir les faveurs, devenant leurs obligés.

Le « coronelismo »

Aucun des bouleversements historiques ne remet en cause le système latifundiaire qui imprègne les relations. Indépendance, chute de l'empire, création d'une république fédérale... le mécanisme reste le même. La capitale, lointaine, délègue ses attributions aux intérêts privés dominants. Ces caciques locaux sont chargés d'assurer l'ordre et la paix sociale. En échange, l'autorité centrale leur donne le titre d'« officier de la garde nationale ». C'est en référence à cette attribution militaire que ce phénomène du pouvoir public délégué à une poignée de puissants locaux a été baptisé « *coronelismo* ».

Au temps de la république, leur puissance provient de leur capacité à capter les votes. C'est chose facile à la campagne où participer à un scrutin n'est pas simple. Il faut souvent parcourir des kilomètres jusqu'au bureau de vote, perdre une journée de travail. Le bienfaiteur local organise les transports en commun, la nourriture, l'hébergement si nécessaire et même de petites fêtes. Les citoyens n'ont même pas à choisir pour qui voter : pendant longtemps, on leur a remis le « bon » bulletin en main propre, et demandé de déposer à la sortie tous les autres. Et gare à ceux qui s'aviseraient de ne pas suivre la consigne.

La règle est celle du « *pão ou pau* », « le pain ou le bâton ». En ce sens, comme le résume Alain Rouquié dans *Le Brésil au XXe siècle*, « la citoyenneté est un attribut formel vide de contenu. L'élection n'est fondamentalement qu'un temps fort du système clientéliste : l'échange électoral ranime les solidarités verticales, retrempe les loyautés. Le scrutin permet au "client", en payant sa dette par le vote, de mériter à nouveau le soutien du "colonel" ». Pour beaucoup d'Indiens et de Noirs, la situation est plus grave encore, dans la mesure où ils disposent en général d'un niveau d'éducation inférieur. Les analphabètes n'avaient pas le droit de voter jusqu'en 1985, une situation qui priva des millions de Brésiliens de toute représentativité.

Ces mécanismes n'ont pas disparu avec l'urbanisation accélérée du pays, même si, en ville, espace plus complexe, ils sont plus subtils. Les « patrons » privatisent des services

La dynastie Sarney à la tête du Maranhão

Hormis le buste de Daniel de la Touche, commandant de l'expédition envoyée par Louis XIII, il ne reste pratiquement rien, à São Luis do Maranhão, pour rappeler que la cité a été fondée par les Français. Impossible en revanche de passer à côté de la plus importante famille de l'État, celle de José Sarney.

À São Luis, son nom rythme toutes les étapes de la vie. On naît à la maternité Marly Sarney (sa femme) avant d'entrer à l'école Roseana Sarney (sa fille), Marly Sarney, José Sarney, ou Sarney Neto (son petit-fils). On peut habiter dans les quartiers Sarney, Roseana Sarney, Dona Kiola (sa mère) ou Sarney Filho (son fils). La bibliothèque José Sarney est à votre disposition, mais pour accéder aux informations sur les comptes publics, mieux vaut se rendre au tribunal de comptes Roseana Sarney Murad. Pour les vacances, il suffit de prendre un car à la station Kiola Sarney et de descendre l'avenue José Sarney. Loin de la capitale, on peut même visiter la municipalité Presidente Sarney, riche de 13 000 âmes...

En un peu plus de quarante ans, José Sarney a bâti un véritable empire dans le Maranhão, un État à cheval entre le Nordeste et l'Amazonie, l'un des plus pauvres du pays. Entré en politique dans les années 1950, il n'a plus quitté la scène politique, restant du côté du pouvoir. Il soutient le président progressiste João Goulart jusqu'au coup d'État de 1964. En 1965, il adhère à l'Arena, qui réunit les partisans de la junte militaire, et devient, à trente-cinq ans, gouverneur du Maranhão. Figure du régime militaire, il entre au Sénat avant d'accéder, par accident, à la présidence de la République en 1985, une fois rétablie la démocratie. Alors vice-président, il a en effet succédé à Tancredo Neves, décédé avant sa prise de fonctions. Au cours des années, il change de parti pour toujours soutenir le gouvernement – Cardoso, puis Lula et Dilma – tout en lui imposant ses hommes. Une bonne partie des hauts fonctionnaires du gouvernement Dilma sont ainsi des « filleuls » de Sarney.

Sa descendance directe n'est pas en reste : sa fille Roseana a déjà gouverné le Maranhão et brigué la présidence de la République en 2002, et l'un de ses fils a été élu député. Les Sarney contrôlent trois chaînes de télévision, une demi-douzaine de radios et le quotidien *O Estado do Maranhão*, un phénomène que les spécialistes nomment « coronelisme électronique ». Le Maranhão n'a que peu tiré profit du pouvoir national de José Sarney. Ses villes continuent à se disputer les dernières places du Brésil en termes de développement humain, et les infrastructures restent indigentes. Un scandale qui explique sans doute que, pour la première fois en 2006, ce soit un opposant à la famille qui se soit fait élire gouverneur. Au scrutin suivant, c'est de nouveau Roseana, l'aîné du clan, qui a repris les rênes de l'État. À 84 ans, José Sarney refuse toujours d'entendre parler de retraite. Ensuite, il lui restera toujours la littérature. Écrivain et poète à ses heures, il a été accueilli à l'Académie brésilienne des lettres.

publics qui sont normalement des droits : une place à la crèche, à l'école, à l'hôpital, un logement social, un emploi à la municipalité… Du fait de la misère et des besoins, c'est dans les favelas que ce système de patronage s'installe le plus facilement, parfois de façon brutale. À la veille des élections locales, les gangs du narcotrafic et les milices choisissent un candidat, avec qui ils s'entendent pour qu'il laisse leurs affaires prospérer, tout en l'aidant à financer sa campagne. Les autres candidats sont alors interdits de circulation dans les favelas. On leur signifie dès l'entrée, armes au poing, qu'ils ne sont pas bienvenus, puisque les leaders de la favela ont déjà « leur » favori.

Cette manipulation du vote, qui ne relève pas de la fraude traditionnelle (bourrage des urnes, etc.), commence toutefois à refluer à mesure que le niveau d'éducation de la population augmente. En 2013, le tribunal supérieur électoral estimait à 49 % – 30 % seulement dans le Nordeste – la part des 140 millions d'électeurs qui avaient été scolarisés au-delà de l'école primaire. L'introduction, à partir de 1996, du vote électronique a également constitué une petite révolution. Pour la première fois, même les plus humbles sont convaincus que les puissants locaux ne peuvent pas savoir pour qui ils ont voté.

Un système de parti structurellement fragmenté, des règles électorales favorables aux conservateurs

Le rétablissement formel de la démocratie, en 1985, n'a pas fait table rase de la dictature. Le bipartisme imposé par la junte (1964-1985), composé à l'époque par l'Arena et le MDB, a éclaté en une multitude de formations politiques se réclamant de divers héritages.

L'absence de tout plancher de voix pour accéder à une représentation nationale provoque l'éparpillement des suffrages. Entre 1982 et 2002, pas moins de soixante-seize partis présentent au moins un candidat aux scrutins. Une joyeuse anarchie dans laquelle l'électeur ne se retrouve jamais – dans leur majorité, les Brésiliens déclarent avoir oublié pour quelle formation politique ils ont voté six mois plus tôt. Reconnaître son parti est d'autant plus difficile que la majorité des politiques n'ont aucun ancrage idéologique. Surtout, la « fidélité » n'est pas de mise : après leur élection, les parlementaires changent souvent d'étiquette en allant vers le plus offrant.

On peut toutefois distinguer six grandes formations, présentes à la fois au niveau local et national. À gauche, le Parti des travailleurs (PT) dont sont issus Lula et Dilma. Au centre droit, le Parti de la social-démocratie brésilienne (PSDB), dont le symbole est un oiseau local, le toucan, et qui a donné au pays le président Cardoso. Les démocrates (Dem, ex-PFL) réunissent la droite conservatrice. Ses ténors sont souvent d'importants caciques locaux. Le Parti du mouvement démocratique brésilien (PMDB) est une formation « fourre-tout » dont la seule idéologie est le maintien au pouvoir. Il est de tous les gouvernements depuis la fin de la dictature. Le Parti socialiste brésilien (PSB) a récemment pris une dimension nationale, tout comme le PSOL (Parti socialisme et liberté), créé par les déçus du PT.

Les règles électorales, si elles respectent formellement la démocratie, perpétuent l'importance des caciques. Ainsi, à l'Assemblée nationale, le système est conçu pour surreprésenter les États les moins peuplés, qui sont aussi ceux où les barons locaux s'imposent le plus facilement. Au Sénat, le déséquilibre est plus net encore, puisque chaque État a droit à trois sénateurs, quels que soient sa taille et son poids économique.

Le Parti des travailleurs, un parti pas comme les autres ?

Ils en parlent les yeux brillants. Des premiers jours de la création du Parti des travailleurs, cette folie née en 1980, dans la banlieue de São Paulo, des grandes grèves ouvrières et de la lutte pour la démocratie. L'assemblage est hétéroclite : on y trouve des syndicalistes de la banque et de la métallurgie, des catholiques engagés contre l'injustice, d'anciens guérilleros repentis et des intellectuels marxistes. Ensemble, ils se choisissent un leader, Luiz Inácio Lula da Silva, le porte-étendard des conflits sociaux de la fin des années 1970.

Le PT s'impose d'emblée comme une formation unique, du fait de la personnalité de son chef, de ses objectifs (justice sociale, réforme agraire...) et de ses méthodes. Il prône la participation populaire, et l'applique à Porto Alegre, l'une des premières métropoles conquises, en 1988, qui devient le laboratoire mondial du budget participatif. Quelques années plus tard y est lancé le Forum social mondial, lié au PT même s'il en est formellement détaché. Le PT se veut le plus grand parti de gauche d'Amérique latine et tisse des liens au-delà de ses frontières.

Dès 1989, lors du premier scrutin au suffrage universel, Lula est en position d'être élu. Il lui faudra toutefois quatre tentatives pour finalement l'emporter, en 2002. Cette quinzaine d'années ne laisseront pas le parti indemne. Alors que le PT n'a jamais vraiment précisé son programme – hormis un catalogue de bonnes intentions –, afin d'éviter les frictions entre groupuscules de tous bords, ses dirigeants insistent, à partir de 1995, pour une reprise en main. Ils veulent laisser de côté les débats politiques et concentrer tous les moyens pour faire élire Lula. Cela implique des alliances au-delà de la gauche traditionnelle, dès le premier tour.

Une fois au pouvoir, le maintien d'une majorité, même bancale, contraint le gouvernement à des accords auparavant perçus comme contre-nature, tandis que des revendications historiques du parti, comme la réforme agraire, semblent oubliées. Enfin, le PT est, comme les autres, confronté à la difficulté d'organiser des campagnes (législatives, municipales) sur un territoire gigantesque, sans financement public. En 2005, on découvre qu'il a lui aussi mis en place une caisse de financement parallèle alimentée par des entrepreneurs, et effectué des paiements occultes. Rien que de très banal au Brésil, mais qui fait scandale de la part d'un parti qui s'est aussi construit sur la dénonciation systématique et intransigeante de ces pratiques chez les autres...

Lors des élections municipales d'octobre 2012, le PT a réussi la prouesse de récupérer São Paulo, et a remporté 16 des 83 villes de plus de 200 000 électeurs, et plus de mairies encore qu'en 2008, consolidant son ancrage dans tout le pays. Mais, depuis le départ de Lula, il semble n'avoir qu'une faible prise sur le gouvernement et peine à défendre des idées claires comme auparavant.

Une vie politique dominée par les scandales de corruption

La surreprésentation d'une poignée de familles à la tête de petits États, conjuguée à l'éparpillement des suffrages rend la vie du chef de l'État impossible. Même élu avec une majorité confortable (c'est le cas de Lula en 2002 et 2006 avec plus de 60% des suffrages, et de Dilma en 2010, avec 56%), le président n'a pas les mains libres pour gouverner. Du fait du système électoral, le plus puissant des partis ne parvient jamais à réunir plus du cinquième des sièges au Congrès, ce qui le contraint à une politique d'alliances qui tient de l'équilibrisme.

La situation est plus complexe encore quand le gouvernement a des velléités de réformes progressistes. Les députés et sénateurs en faveur du *statu quo* sont toujours majoritaires, le mode de scrutin donnant un poids démesuré aux régions gouvernées par des caciques. Le président doit négocier avec les leaders des différents partis, en leur cédant des postes clés (ministères, sièges dans des commissions, etc.) qui leur donneront accès à des fonds, et faciliteront leur maintien en place. Ainsi établis, ils auront aussi le pouvoir de nommer un certain nombre de personnes en toute discrétion. Plus de 15000 postes fédéraux sont attribués de la sorte, sans concours. Pour un homme politique, c'est la meilleure façon de rétribuer ses clients – s'ils ont par exemple contribué au financement de sa campagne – ou de s'attacher leurs faveurs dans le futur. Ces nouvelles personnes nommées pourront elles-mêmes consolider leur réseau en cédant des marchés publics à leurs amis.

Hétérogènes et fragiles, les majorités freinent tout programme ambitieux (réformes politique, agraire, fiscale). Elles constituent aussi un terrain idéal pour la corruption. En 1997, ce n'est qu'en soudoyant certains députés que le gouvernement de Fernando Henrique Cardoso a obtenu une majorité lui permettant de modifier la Constitution pour pouvoir briguer un second mandat. Quelques années plus tard, c'est Lula qui a été attaqué pour avoir mis sur pied un système de pots-de-vin pour consolider sa base, le « *mensalão* » (« grand mensuel »), selon le néologisme adopté par la presse. L'accusation n'a jamais été prouvée, mais elle est parvenue à paralyser le Congrès. Les élus étaient occupés à faire partie de commissions d'enquête parlementaires (CPI, selon le sigle en portugais), chargées de mettre au jour d'éventuelles irrégularités dans le fonctionnement de l'État (gouvernement et organismes publics). Pensées comme un contre-pouvoir, ces CPI finissent souvent en déballage sur la place publique mêlant vérités, insinuations et franches manipulations, relayées par les médias selon les intérêts en jeu. Ce qui décrédibilise un peu plus le pouvoir législatif, jugé inutile et corrompu par une grande partie de la population.

Il existe un véritable fossé entre les représentants au Congrès et la population : en 2011, 220 des 513 députés élus étaient à la tête d'un patrimoine d'au moins un million de reals (310000 euros), probablement plus, ces données se fondant sur les déclarations volontaires.

Contrairement à ce qui se passe en Europe, on ne distingue que marginalement un député par sa tendance idéologique (droite ou gauche) mais plutôt par le lobby dont il se revendique. Ce sont les *bancadas*, littéralement, « rangées de sièges » occupées par ces députés.

La plus fameuse est la *bancada ruralista*, qui réunit les députés et sénateurs en faveur du maintien des *latifundios* et de l'agrobusiness. À l'issue des élections de 2010, elle comptait 162 députés et 11 sénateurs. Ces derniers protègent leurs propres intérêts (ce sont souvent de grands propriétaires) ou ceux des personnes qui ont contribué à financer leurs campagnes électorales. Ils s'opposent aux projets de loi du gouvernement qui ne leur seraient pas favorables et lui arrachent des faveurs extraordinaires (rééchelonnement de dette, négociation commerciale avec les pays étrangers, etc.). De même, l'on distingue la *bancada evangelica*, qui réunit les représentants évangélistes, la *bancada da bala*, le lobby des armes.

Cette situation illustre comment les grands groupes économiques continuent, comme au temps de la colonisation, à voir en l'État un instrument à leur service, accommodant les lois à leur gré, et non au service du plus grand nombre. Cela a toujours été le cas en ce qui concerne l'exploitation de la terre. Avec la modernisation de l'économie, on commence à voir apparaître de nouveaux puissants, avec les mêmes mécanismes en toile de fond.

Un système financier tout-puissant

Les années 1990 ont été, au Brésil comme ailleurs en Amérique latine, celles du consensus de Washington, un cocktail de recettes économiques élaboré par les organismes financiers internationaux pour moderniser l'économie et en finir avec l'inflation. Le projet reposait sur l'ouverture de l'économie, les privatisations, la réduction de la taille de l'État et la déréglementation économique, avec l'idée que le secteur privé et donc la concurrence permettraient une modernisation, un bon service au consommateur au meilleur prix, tout en forçant l'État à se réformer. Il n'en a rien été.

Le processus de privatisations a essentiellement consisté à céder à des « amis » des entreprises publiques pour une bouchée de pain, sous prétexte qu'elles n'étaient guère rentables. Souvent, l'État a injecté des sommes énormes dans ces sociétés, juste avant de les vendre, assumant par ailleurs tout leur passif (cotisations des travailleurs, etc.), et assurant aux acheteurs qu'ils auraient le droit d'augmenter leurs tarifs, comme cela s'est fait dans la téléphonie. Rien d'étonnant à ce que ces entreprises se soient subitement découvertes efficaces et rentables, quelques mois après avoir quitté le giron public.

La compagnie minière Vale (ex-CVRD [Companhia Vale do Rio Doce]) a ainsi été cédée pour l'équivalent de 3 milliards de dollars en 1997. Dix ans plus tard, elle occupe le deuxième rang mondial du secteur et sa capitalisation est vingt-cinq fois supérieure. L'entreprise tire profit des for-

Petrobras, nouveau géant du pétrole

À la nuit tombée, le centre de Rio de Janeiro est désert. Sur l'avenue República do Chile, un immeuble défie l'inertie ambiante en diffusant un flot de lumière. C'est l'un des dix bâtiments que la compagnie nationale d'hydrocarbures Petrobras occupe dans le centre. Les bureaux vides resteront allumés toute la nuit, adressant au passant un message clair : c'est ici que le pouvoir se trouve.

Née il y a cinquante-cinq ans, Petrobras a pourtant longtemps été considérée comme secondaire par rapport à ses concurrentes latino-américaines, tout juste bonne à verser des royalties à l'État de Rio de Janeiro, au large duquel on a identifié la plupart de ses réserves. En 1997, sa production dépasse pour la première fois la barre d'un million de barils par jour, entamant une vraie révolution. En une décennie, la compagnie s'impose comme le leader mondial de l'exploration en eaux profondes et double sa production, jusqu'à permettre au Brésil d'atteindre l'autosuffisance en 2006. De nouvelles découvertes, fin 2007, la font entrer dans le groupe des grands des hydrocarbures. La compagnie est devenue un poids lourd de la politique.

Les défis sont considérables. L'entreprise doit doubler sa production d'ici 2015, et embaucher à tour de bras pour accélérer la prospection : son nombre d'employés dans la branche a augmenté de 67 % entre 2001 et 2012. Bien qu'en partie privatisée et cotée aux Bourses de São Paulo, New York et Madrid, Petrobras a fait l'objet d'une considérable augmentation de capital de la part de l'État brésilien en 2010. Une nouvelle législation en fait un partenaire obligatoire de tous champs de pétrole pré-sel en exploitation. Sponsor incontournable de toutes les activités culturelles de renom (cinéma, théâtre, chanson ou spectacle des rues), Petrobras est devenue, sous les gouvernements du PT, un véritable outil de la politique publique, provoquant une avalanche de critiques de la part de l'opposition.

midables réserves minières du pays, volontairement sous-estimées au moment de la privatisation. L'opération s'est pratiquement répétée dans le secteur pétrolier, mais elle s'est cette fois heurtée à de trop fortes résistances : Petrobras a bien ouvert son capital au cours des années 1990, mais reste sous contrôle de l'État. Brasília garde ainsi la main sur un important levier de l'économie, en décidant par exemple de ne pas relever le prix de vente de l'essence aux consommateurs alors qu'il s'envole dans le monde entier.

La décennie 1990 a aussi été celle de la financiarisation de l'économie; les modalités adoptées pour la stabilisation monétaire ont donné un rôle hégémonique aux banques, devenues priorité « numéro un » de tout gouvernement. En 1995, alors que le pays est au bord de la faillite, le gouvernement Cardoso lance un énorme plan de sauvetage de 30 milliards de reals pour le secteur financier.

Bénéficiant d'une réglementation qui leur permet d'imposer des tarifs très élevés aux consommateurs, les banques brésiliennes représentent un excellent investissement pour leurs actionnaires. Même s'il a diminué, leur taux de rentabilité était en 2013 de sept points supérieur à celui des banques américaines. Mais leur principale source de revenu reste les intérêts de la dette publique, à propos desquels elles déploient un lobby intense, parvenant depuis des années à les maintenir aux niveaux les plus élevés du monde.

La conséquence est double. D'une part, il est plus intéressant au Brésil de placer son argent en banque que de l'investir dans une entreprise productive créant de l'emploi et de la richesse. D'autre part, l'État consacre une part croissante de ses ressources au remboursement de sa dette auprès des banques, aux dépens de postes budgétaires comme l'éducation ou la santé.

Un paysage médiatique verrouillé

Aux côtés du monde de la finance, les médias constituent l'un des plus remarquables *poderes facticos* (« pouvoirs de fait »). C'est ainsi qu'en Amérique latine on qualifie les pouvoirs ne bénéficiant pas de la légitimité des urnes.

Les médias illustrent parfaitement les contradictions de la société brésilienne. Ils mêlent le professionnalisme à la propagande la plus vulgaire et confondent avec brio lobbying et clientélisme. Dominés par une poignée de grandes familles, ils représentent aussi les intérêts des politiciens locaux qui finissent par former de véritables dynasties : les Sarney dans le Maranhão, les Magalhães à Bahia... Cette concentration a d'abord une raison historique : pendant des décennies, la Constitution a interdit aux personnes juridiques, aux sociétés anonymes et aux étrangers de contrôler des groupes de communication, facilitant ainsi la prise de pouvoir des entreprises familiales.

Aux Frias, la *Folha de São Paulo*, aux Civita, le groupe Abril, l'un des plus puissants de la presse magazine, aux Mesquita, le groupe Estado, propriétaire notamment du grand quotidien conservateur *Estado de São Paulo*, et aux Marinho, le tentaculaire groupe Globo. La loi a changé, donnant lieu à des restructurations, sans remettre en question les équilibres. En 2008, quatorze groupes familiaux contrôlaient encore 90 % des médias.

Cette situation permet notamment de contourner une loi, celle qui interdit aux hommes politiques de posséder directement une entreprise de presse. Il suffit d'en confier le contrôle à un proche de la famille – au Brésil, on appelle ces prête-noms les « oranges », parce qu'on peut les presser quand on en a besoin. Le politique s'assure ainsi que ces médias, en particulier les radios et les télévisions locales, qui pénètrent le plus efficacement les couches populaires, défendront ses intérêts et le présenteront sous son meilleur profil à la veille des élections.

Nul ne saurait mieux symboliser l'effet « rouleau compresseur » sur la population que la Globo. Dans une petite ville, il suffit de mettre le nez dehors quelques minutes avant 20 h 45 pour constater que la rue a désempli d'un coup. La majorité des foyers ont les yeux rivés sur le petit écran pour assister à la *telenovela* la plus importante de la journée, celle dite « de 21 heures ». Chaque *novela* dure neuf mois, six jours sur sept. En octobre 2012, la présidente a dû annuler un meeting prévu le jour du dernier épisode d'*Avenida Brasil*, l'une des plus populaires de la dernière décennie. Les Brésiliens n'en sont d'ailleurs pas les seuls amateurs, puisque les feuilletons de la Globo sont vendus dans des dizaines de pays.

En produisant plus de 800 heures de *telenovela* chaque année (trois heures par jour !), le groupe est le numéro un mondial de la production de divertissement, inscrit au *Livre Guiness des records*. Ce n'est pas tout. Le *Jornal nacional*, diffusé peu après 20 heures, est le leader absolu de l'information, affichant le double de l'audience de tous ses concurrents réunis, et la chaîne a pratiquement le monopole des retransmissions des événements sportifs, en particulier des matchs de football. Sur un territoire grand comme seize fois la France, la Globo est la seule chaîne vue par 98,5 % des foyers, seul outil capable de modeler, voire d'homogénéiser l'imaginaire des Brésiliens.

Nées au début des années 1960 d'un coup de génie de Roberto Marinho, alors héritier d'un modeste journal de Rio de Janeiro, *O Globo*, les Organisations Globo forment aujourd'hui un empire. Le groupe contrôle plus de 60 % des chaînes de télévision hertziennes, les trois quarts du marché du câble, 40 % de la diffusion totale des journaux et 30 % des radios. Théoriquement, la législation limite à cinq le nombre de canaux de télévision par groupe, mais les Organisations Globo contournent cette règle en s'associant à des stations appartenant à d'autres propriétaires, simples relais régionaux reprenant la programmation nationale. Le ministère des Communications n'a jamais fait respecter la loi.

La force de frappe du groupe s'étend au cinéma et au théâtre. Pour attirer, il faut être financé par la Globo ou faire jouer des acteurs de ses *telenovelas*. Passé maître dans l'art du lobbying, le groupe bloque les changements institutionnels qui remettraient en cause sa domination. Mobilisant son réseau de députés, sénateurs et artistes, Globo peut enterrer un projet de loi sur une régulation qui lui déplaît, ou promouvoir le choix, par le gouvernement, de technologies de transmission dans lesquelles la chaîne est leader.

Rares sont ceux qui, à Brasília, s'avisent de critiquer la chaîne. Ils prennent le risque d'être ignorés par ses caméras, ce qui revient pratiquement à une mort politique. Depuis le début de son histoire, le groupe joue habilement de son pouvoir d'influence sur les choix des électeurs et sur l'opinion publique en général pour obtenir des faveurs du gouvernement. En 1965, au lendemain du coup d'État, Roberto Marinho s'est ainsi gagné la bienveillance de la junte militaire en endossant sans états d'âme leur « doctrine de sécurité nationale » contre les militants de gauche. En 1989, Globo a, de même, contribué à l'élection du fringant Fernando Collor de Mello contre Lula, présenté par la chaîne comme un dangereux bolchevik.

Ce pouvoir s'émousse toutefois. Les manifestations de juin 2013 ont vu apparaître une poignée de sites gérés par des journalistes citoyens, à l'image de *Midia Ninja*. Surfant sur la passion des Brésiliens pour Internet mais aussi sur le rejet d'un journal télévisé niant la réalité et au service des puissants, ils se sont rapidement établis comme l'une des principales sources d'information sur l'agitation sociale et la violence policière.

8 Heureux malgré tout

CARNAVAL
CULTE DU CORPS
FOOTBALL
SOCIÉTÉ CIVILE
RELIGIEUX MILITANTS
PORTO ALEGRE
INTERNET

CHAQUE ANNÉE, l'enquête effectuée par les instituts de sondage laisse perplexes les sociologues : près de trois quarts des Brésiliens se disent « heureux », alors que leur situation sociale est parfois dramatique. Quelles que soient leur appartenance politique ou leur classe sociale, la majorité est convaincue que demain sera mieux qu'aujourd'hui. « Positiver » paraît faire partie de l'identité brésilienne, bien plus que le positivisme d'Auguste Comte mis en avant par le drapeau national et sa devise « Ordre et Progrès ». Cette joie de vivre est symbolisée par le carnaval, par l'allégresse des stades, la danse, les corps exhibés et traités avec une attention amoureuse.

Elle n'a pourtant rien d'un optimisme béat. Face aux injustices et à l'incapacité de l'État d'y remédier, la société civile s'organise et bouscule le système. Chacun fait montre d'une débrouillardise qui lui permet de survivre. C'est ce que l'on appelle le « *jeitinho* », la petite trouvaille qui permet d'obtenir des papiers d'une bureaucratie kafkaïenne, une place à l'hôpital quand cela semble impossible, grâce à un contact avec une personne haut placée, parfois à la limite de la légalité. Le *jeitinho* est d'autant mieux toléré (et incompréhensible de l'extérieur) qu'il permet à la domination sociale de se perpétuer, tout en évitant l'explosion.

Le système social fonctionne pour une poignée de privilégiés, mais lorsque certains débrouillards parviennent à « dribbler » les difficultés pour se faire une place au soleil, leur succès individuel entretient l'espérance collective. Malgré tout, il y a une lumière au bout du tunnel.

Le carnaval, symbole de la joie de vivre et de la liberté

« Rio de Janeiro est à vous et je suis maintenant votre sujet » : c'est en prononçant ces mots que, chaque année, à la veille du carnaval, le maire remet les clés de la ville au roi Momo. Ce dernier se lance alors dans une samba frénétique, accompagné par deux princesses. Il brandit une énorme clé blanche et dorée, symbole de tous les excès. Pendant longtemps, la tradition a exigé que le roi Momo, un personnage apparu dans les années 1930, soit incarné par un homme pesant au moins 130 kg. Ce n'est plus le cas désormais, la municipalité, en guerre contre l'obésité, ayant jugé que le monarque donnait le mauvais exemple.

La remise de clé donne le coup d'envoi d'un règne de cinq jours, qui prend fin le mercredi des Cendres. Durant le carnaval, la vie économique s'arrête. À Rio de Janeiro, mais aussi à Salvador, Recife ou dans les villes coloniales du Minas Gerais. Une bonne partie de la population se prête au jeu, en circulant toute la journée en costumes, chapeaux, masques, faux seins, fausses fesses, perruques multicolores, paillettes à appliquer sur tout le corps.

Le carnaval le plus connu est celui de Rio de Janeiro, du fait de l'importance du défilé des douze principales écoles de samba, rassemblées au sein du « groupe spécial ». Ceux de Salvador et de Recife sont des carnavals de rue, et celui de São Paulo – un défilé d'écoles aussi – s'inspire du modèle *carioca*. Les nuits de dimanche et lundi, chaque école fait défiler une troupe de 2500 à 4000 personnes au sein du *Sambódromo,* une avenue de 700 m qui aboutit à la place de l'Apothéose. Les gradins qui la bordent, des deux côtés, reçoivent 70000 personnes, mais ils sont des millions à assister au spectacle dans tout le Brésil et partout ailleurs, *via* le canal Globo, qui a l'exclusivité des droits de transmission.

C'est le plus grand spectacle en plein air du monde, un mélange d'arts multiples, un opéra-samba mouvant où l'harmonie de l'ensemble est assurée par une *bateria,* composée de plusieurs centaines de percussionnistes – auparavant réservée aux hommes, elle est aujourd'hui prise d'assaut par les femmes – qui psalmodient le refrain à l'infini. Les danseurs sont répartis dans différentes ailes et sur les chars allégoriques qui peuvent atteindre six mètres de haut.

Pendant tout le défilé, qui dure environ quatre-vingts minutes par école, ils doivent chanter, danser et évoluer dans une harmonie parfaite, notés par un jury pointilleux. Les concurrentes sont évaluées sur dix critères : entre autres, l'adéquation du défilé avec le thème de leur samba (dit « *enredo* »), l'harmonie du groupe, la qualité des costumes et des chars, sur lesquels se hissent les danseurs les plus costumés (appelés « *destaques* »). Le jury comme le public redoublent d'attention pour examiner le couple formé par la porte-drapeau et le *mestre sala,* chargé des couleurs de l'école, ou le passage des *baianas* – aile de femmes qui évoluent en tournoyant et qui, respect oblige, ne sont pas notées.

Tout écart, tout retard sont sanctionnés. L'essieu d'un char qui se brise, et c'est le drame. Le pire arrive quand le chant se décale, entraînant une décomposition des ailes; on dit alors que l'école s'est noyée. La somme des notes permet d'obtenir le classement des écoles. Comme au football, la moins performante descendra en deuxième division et la gagnante sera portée aux nues. Prêtes à tout pour triompher, les écoles dépensent des millions, à l'origine parfois douteuse, même si une bonne partie du budget provient des autorités touristiques. Pour les communautés populaires dont les écoles sont issues, la fête se prépare toute l'année. Il faut choisir le thème et les paroles du *samba enredo*, coudre les costumes, puis répéter, soir et week-end, que l'on fasse ou non partie du « groupe spécial ».

Le carnaval déborde toutefois le cadre du défilé. Durant la journée, des *blocos* investissent les rues, organisés le plus souvent par un groupe d'habitants du quartier. À Rio, on en compte plus de quatre cents. Guidées par des percussionnistes, des centaines de personnes défilent déguisées. Certains blocs ont pris une telle importance qu'ils paralysent la ville. Ainsi *Bola preta* (« boule noire »), en référence au dessin récurrent de son déguisement, mobilise environ 500 000 personnes chaque année.

Le carnaval offre, en dépit des difficultés de la vie, une parenthèse de liberté. Le corps exulte, par la danse, le déguisement et le sexe. C'est la période des « amours de carnaval » qui, d'un commun accord, s'achèvent le mercredi des Cendres. Certaines villes ont même vu naître le rite du « baiser volé », autorisant tout le monde à embrasser son voisin. Chico Buarque et Elis Regina ont immortalisé cet état d'esprit dans un beau duo, intitulé *La Nuit des masqués*. Le refrain est limpide : « C'est le carnaval, ne me demande pas comment je m'appelle, demain est un autre jour. »

Le culte du corps

À six heures du matin, midi ou minuit, on les voit courir le long des plages ou soulever des haltères en salle. Les plus « zen » choisissent le yoga ou le Pilates, les plus sportifs, le *futvolley*, un volley qui se joue seulement avec la tête et les pieds, comme le football.

Gros, minces, vieux, jeunes : pour tous, un beau corps, ça se travaille. Les plus paresseux se réfugient dans la lecture des revues féminines ou masculines qui exaltent à longueur de pages les bienfaits de la musculation. Dans les kiosques, on peut acheter le magazine *Ventre*, qui tous les mois revient sur la façon de cultiver cette partie du corps, avec un vocabulaire spécifique : les « pochettes » désignent les bourrelets sur les côtés, le « sac à dos », le trop plein de ventre devant.

Dans le sud et le sud-est du pays, la partie la plus riche, l'obsession de la beauté est telle que l'on n'hésite pas à sou-

Ivo Pitanguy, le pape mondial de la chirurgie esthétique

C'est la star du lifting, le roi des implants. À plus de quatre-vingts ans, le Brésilien Ivo Pitanguy peut se vanter d'avoir donné à la chirurgie esthétique ses lettres de noblesse. Originaire du Minas Gerais, le médecin, formé au Brésil avant d'aller aux États-Unis, en France et en Grande-Bretagne, a commencé sa carrière en opérant des grands brûlés.

Il se tourne ensuite vers la chirurgie esthétique, dont il révolutionne les techniques. Il est le premier à travailler à la réduction des cicatrices, et il offre aux femmes du monde entier la possibilité d'avoir des « fesses brésiliennes », grâce à des implants. Les clients viennent de tous les continents pour se faire opérer dans sa clinique de Rio de Janeiro. Les plus riches d'entre eux sont reçus sur son île privée, dans la baie d'Angra dos Reis, un lieu paradisiaque à l'abri des paparazzi.

Devenu millionnaire, Ivo Pitanguy a fait des émules. Le Brésil compte aujourd'hui 4100 chirurgiens certifiés, contre 5000 aux États-Unis, le centre mondial de la chirurgie esthétique. Par habitant, le Brésil est donc le champion toutes catégories avec un chirurgien esthétique pour 43900 personnes, alors que la proportion est d'un pour 59000 aux États-Unis.

Stratégie marketing ou principe moral, Ivo Pitanguy affirme que la recherche de la beauté doit être accessible aux démunis. Une fois par semaine, ses élèves se rendent à l'hôpital public, où ils opèrent gratuitement des Brésiliens sans moyens. Les interventions pour raison médicale sont prioritaires – en particulier sur les becs-de-lièvre – mais les liftings et les poses d'implants font partie des opérations communes.

mettre le corps à une batterie d'opérations. Le recours à la chirurgie esthétique n'est perçu ni comme un acte narcissique ni comme une trahison de soi, mais comme un droit. La télévision et les magazines mettent en avant les implants, les réductions de peau suite à un régime, la liposuccion et les miracles du laser. On n'est jamais assez beau : de jeunes et jolies actrices se soumettent au bistouri et ne s'en cachent pas.

La banalisation de la chirurgie esthétique frise parfois la folie. En arrivant pour défiler au carnaval de 2008, l'une des « reines de la batterie » a annoncé en être à sa quarante-deuxième opération. Elle s'était fait modifier les yeux pour avoir l'air d'une Asiatique, en accord avec le thème de son école, la commémoration des cent ans de l'immigration japonaise au Brésil. Se faire opérer pour porter le maillot dit « fil dentaire » (un string minimaliste) n'est d'ailleurs pas réservé aux riches. La petite classe moyenne sacrifie à la mode grâce au crédit. Les cliniques proposent de payer les implants en douze mensualités, comme pour une machine à laver.

En 2012, 910000 opérations ont eu lieu au Brésil, et la participation des adolescentes a augmenté de 140% depuis 2008. Parallèlement, cela peut apparaître paradoxal, les Brésiliens sont bien moins complexés que les Européens. Si la mode est à la mini-jupe, les jeunes filles de 90 kg l'arboreront avec le même entrain que les plus minces.

Football, l'opium du peuple ?

Lorsque la FIFA (Fédération internationale de football association) a annoncé que la Coupe du monde de football se tiendrait au Brésil en 2014, la nouvelle a provoqué une explosion de joie, avec en arrière-plan un parfum de revanche.

En 1950, le Brésil accueillait la compétition et rêvait de montrer au monde la suprématie de ses joueurs. Il y avait mis les grands moyens, en construisant notamment un stade hors du commun à Rio de Janeiro. Le *Maracanã*, alors capable de contenir 178 000 spectateurs, ne se distingue pas par la qualité de la vue du terrain, mais par la sensation unique d'assister à une messe. Le spectacle se situe autant dans les gradins que sur le terrain. À l'époque, la *seleção* (sélection nationale) commence par un parcours sans faute, avant d'être battue, en finale, par l'équipe uruguayenne, 2 à 1.

Ce qui serait ailleurs un mauvais souvenir tourna au traumatisme. Interrogés sur la date de proclamation de l'indépendance, les Brésiliens pourraient hésiter. Pas sur celle du tragique face-à-face : 16 juillet 1950, au *Maracanã* justement. Qu'ils l'aient vécu ou qu'on le leur ait raconté, ils décrivent par le menu les maladresses de Bigode et Juvenal, les défenseurs, l'atonie du gardien Barbosa, le silence des supporteurs quittant le stade et le sentiment d'humiliation.

La légende veut que plusieurs personnes se soient suicidées par la suite. Le match a hanté les joueurs toute leur vie. Barbosa a été interrogé par les services secrets, pour lesquels seules des amitiés communistes pouvaient expliquer son incapacité à bloquer les ballons. Insulté tout au long des années par les passants, il a passé le reste de son existence à longer les murs, et il a fallu des décennies avant que la *seleção* confie à nouveau à un gardien noir la défense de ses filets.

C'est dire qu'au Brésil on ne plaisante pas avec le football. Bien qu'introduit tardivement, en 1894, par un adolescent anglais, après l'Argentine et l'Uruguay, le ballon rond s'est imposé du nord au sud du pays. D'abord pratiqué par les seuls employés des multinationales britanniques, il a gagné les classes populaires avec d'autant plus de succès qu'il n'exige que peu de moyens, un ballon et un terrain vide. D'après les sociologues, les Brésiliens ne pouvaient pas trouver de sport plus adapté à leur tempérament. Il combine à merveille le collectif et l'esprit individuel, le goût de l'improvisation, l'allégresse et la croyance en une relation magique entre le joueur et le ballon.

Le jeu est encouragé par les patrons qui, dans les années 1930, en font une façon de détourner les employés des réunions organisées par les syndicats et les mouvements anarchistes qui veulent leur faire prendre conscience de leur condition de prolétaire exploité. Plus tard, les pouvoirs autoritaires y verront une façon de faire oublier la répression et le coût social de leur politique. En 1970, quand le Brésil remporte la Coupe du monde pour la troisième fois, la dictature fait de l'événement le centre de sa propagande, tandis que la répression bat son plein. Une atmosphère joliment rendue dans un film produit en 2006, *L'année où mes parents sont partis en vacances*, de Cao Hamburger.

L'image que l'on a aujourd'hui du football est trompeuse. Dans les premiers temps, il est inimaginable de faire jouer des Noirs. Les métis sont tolérés, à condition qu'ils se passent de la farine de riz sur le visage. C'est le club Vasco de Gama, fondé par des commerçants portugais de Rio de Janeiro, qui brise le tabou en 1923. La presse s'en moque, mais le Vasco remporte le championnat. Très vite, le sport compte des idoles, les « *craques* ».

Le premier est Arthur Friedenreich, dit « le Tigre ». Ce fils d'un commerçant allemand et d'une lavandière noire est le premier à dépasser la barre des 1000 buts. Avec 1329 buts marqués entre 1909 et 1935, il reste le meilleur buteur de tous les temps. Après lui, les Brésiliens s'enflamment pour Leônidas da Silva, le « Diamant noir », resté dans les mémoires pour ses buts marqués pieds nus sur un terrain détrempé, et surtout pour ses fameuses « bicyclettes » (un ciseau retourné).

Au panthéon des footballeurs, Manoel Francisco dos Santos, dit Garrincha, du nom d'un petit oiseau local connu pour sa vivacité, est l'un des plus chéris, pour son talent et sa biographie. Issu d'une famille pauvre de quinze enfants, le gamin n'a rien pour être un grand sportif : il a les jambes arquées et de longueur inégale. Il convainc pourtant le club Botafogo de l'admettre dans ses rangs, en faisant de son handicap un atout. Son jeu de jambes fait perdre la tête à ses adversaires; il est le meilleur dribbleur de sa génération. C'est un *malandro* comme les Brésiliens les adorent, un « voyou » qui combine talent et allégresse pour survivre et surgir comme le porte-parole de ceux qui n'ont rien. Son histoire s'achève en tragédie. En fin de carrière, il sombre dans l'alcoolisme. Il en meurt, seul et ruiné, à l'âge de cinquante ans.

Les malheurs des étoiles du football sont suivis avec attention par la population. En 2008, c'est à Ronaldo Fenômeno de devenir la cible des médias, les magazines consacrant une large place à ses blessures, à son ventre jugé trop gros et aux frasques de sa vie privée – il est surpris en compagnie d'un travesti prostitué au milieu de la nuit dans un hôtel de Rio.

Mais le roi incontesté demeure Edison Arantes do Nascimento, Pelé, sans doute l'une des seules célébrités brésiliennes à pouvoir se targuer d'être connue dans le monde entier. Grand buteur, il est le seul footballeur à avoir remporté la Coupe du monde de football à trois reprises, après avoir transformé son club, Santos, en machine à gagner. Contrairement à Garrincha, Pelé a su s'inventer une vie après le football, en se lançant dans le monde des affaires et même, de manière éphémère, dans la politique – il a été ministre des Sports de Fernando Henrique Cardoso. Ces succès ne lui ont pas attiré que la sympathie des Brésiliens, qui l'estiment parfois trop avide.

Aujourd'hui richissime, Pelé n'a pas eu la possibilité de monnayer son talent à l'époque où il multipliait les buts. En 1960, le Congrès brésilien a voté une loi le déclarant « trésor national », interdisant à Santos de le vendre à un club étranger. Pelé n'a pu quitter le pays qu'une fois à la retraite, en signant un contrat millionnaire avec une équipe de New York.

La question de l'exportation des grands joueurs est d'ailleurs un problème, aggravé par le rythme des compétitions en Europe, où jouent la majorité des stars brésiliennes.

Gagnant des salaires faramineux outre-Atlantique, les grands joueurs traînent des pieds pour venir s'entraîner avec l'équipe nationale au Brésil. C'est l'une des raisons régulièrement avancées pour expliquer telle ou telle mauvaise performance de la *seleção*.

Une société civile dynamique

Avec le football, le Brésil n'a rien inventé. La formule « du pain et des jeux » date de la Rome antique, même si le pain a souvent manqué au Brésil. Mais la société civile ne reste pas inerte face à un État habitué à ne répondre aux besoins que d'une poignée de privilégiés.

Les entrepreneurs font du lobbying au moyen de puissantes organisations patronales telle la FIESP, la Fédération des industriels de l'État de São Paulo. Les ouvriers donnent de la voix dès les années 1930, puis dans les années 1970 à travers les syndicats. Mais ce sont les ONG et les associations qui, grâce à leur dynamisme, réinventent l'inclusion. Au Brésil, l'histoire des ONG se confond avec celle de la résistance à la dictature (1964-1985). Il s'agit de défendre les libertés civiles, mais aussi le droit au développement (santé, éducation, accès à la nourriture et à l'information...). Ce tissu social s'avère décisif en ville, quand les structures traditionnelles (syndicat, parti) subissent la répression du gouvernement.

Il l'est aussi à l'intérieur du pays, sur des terres abandonnées de tous. C'est le cas auprès des populations indigènes. La santé publique repose sur des districts sanitaires décentralisés, gérés par l'administration en partenariat avec des ONG. La défense de pans entiers de la société repose sur leur organisation : enfants des rues ou des favelas, handicapés (plus de 25 millions au Brésil), homosexuels, étrangers sans papier, détenus, malades du sida, paysans sans terre, Indiens, femmes, victimes de la violence policière... La liste est longue.

À mesure que le pays se développe, les ONG et les associations spécialisées pour répondre aux besoins de base disparaissent et font place à des actions plus élaborées. On les retrouve dans le secteur de l'information, avec l'aide aux radios communautaires hier, aux sites Internet aujourd'hui, et la promotion d'un journalisme « alternatif ». C'est dans le domaine de l'environnement qu'elles montent en puissance, notamment suite à la conférence mondiale sur la terre de Rio de Janeiro en 1992, avec le soutien des plus importantes ONG du secteur (WWF, Greenpeace, Friends of the Earth, etc.).

Concentrant à la fois les préoccupations environnementales et les attentions pour les populations indigènes, l'Amazonie est naturellement devenue le centre d'intérêt de nombreuses ONG, étrangères et brésiliennes. On peut citer Greenpeace de nouveau, Amigos da Terra, l'Ipam (Institut d'études environnementales d'Amazonie), Imazon, Poemar, Vitória amazônica.

Leur présence est régulièrement remise en question par les oligarchies locales, les députés et les militaires, qui mettent en avant la défense de la souveraineté nationale, et les risques de voir des pays occidentaux revendiquer un statut « international » pour l'Amazonie. La faiblesse démographique, l'immensité du territoire à contrôler, l'absence de l'État, tout contribue à entretenir ce sentiment de vulnérabilité face aux étrangers.

Ce ne sont pas les seules critiques adressées au tiers secteur. Le manque de professionnalisme est en ligne de mire, tout comme la dimension « cosmétique » de certaines de ses actions. Peu transparentes, les ONG peuvent aussi devenir le relais idéal des autorités corrompues. Il suffit de se rendre dans les favelas pour constater que les ONG qui bénéficient de fonds publics limitent parfois leur action à poser une boîte aux lettres... Dans l'État de Rio de Janeiro, le couple Garotinho (mari et femme se sont succédé au poste de gouverneur) a ainsi détourné des millions.

AfroReggae, la musique pour en finir avec le narcotrafic

Ils arrivent, l'air goguenard, armés de bidons d'essence et de pots de peinture vides, se mettent en rang... et c'est l'explosion. En quelques secondes, spectateurs et passants se surprennent à battre la cadence au rythme de la *batucada* endiablée que les jeunes ont entamée.

Ce sont les AfroReggae qui répètent, prêts à ravir le public de Paris, Londres, New Delhi, mais surtout de la périphérie de Rio de Janeiro. Car c'est dans la favela de Vigario Geral, à l'ouest de la « ville merveilleuse », qu'est née cette ONG, en juillet 1993. Elle débute avec un petit journal visant à valoriser la culture noire et ses rythmes, tels que le reggae, le hip-hop et le funk. Le Brésil de la bossa-nova et du rock méprise ces manifestations. Mais la résistance culturelle se fait politique quand, un mois plus tard, la police militaire massacre vingt et une personnes de la communauté pour se venger de l'assassinat, la veille, de quatre de ses membres par des narcotrafiquants. Aucune des victimes n'était liée au trafic de drogue.

AfroReggae change alors d'objectif, pour intervenir directement auprès des jeunes abandonnés par l'État et destinés à tomber sous les balles. L'ONG monte le premier centre communautaire culturel dans la favela, en offrant des ateliers de danse, de percussion et de *capoeira*, la danse brésilienne inspirée des luttes des esclaves. La formation artistique, doublée d'un fort contenu social, a pour mission de faire de jeunes des favelas des citoyens, de les aider à trouver un travail qui leur permette une rapide indépendance financière pour les éloigner du trafic.

AfroReggae brise les tabous. Lorsqu'une favela est déchirée par une guerre entre factions, c'est justement sur la frontière où les tirs sont échangés que l'association installe ses ateliers et les scènes de ses concerts. Les percussions d'AfroReggae attirent les foules, mais ses organisateurs vont plus loin. Ils font appel aux plus grandes stars brésiliennes, habituées aux scènes prestigieuses des quartiers huppés, pour jouer au cœur des favelas.

Se moquant des autorités, qui prétendent ne pas pouvoir y assurer leur protection, Caetano Veloso, Gilberto Gil, Marisa Monte et bien d'autres se produisent dans ces périphéries oubliées. Pas question d'un spectacle au rabais : le son, les lumières et les chorégraphies sont les mêmes que ceux utilisés sur une scène classique.

Au fil des ans, AfroReggae s'est imposé comme le principal médiateur entre le monde des favelas et « le centre ». Les multinationales brésiliennes telles que le géant de la téléphonie TIM, le leader des cosmétiques Natura ou Petrobras lui versent d'importantes subventions pour redorer leur image sociale. Ses leaders ne sont pourtant pas dupes; tant que l'État ne s'investira pas dans les favelas, ils ne parviendront à sauver que quelques jeunes, quand des centaines d'autres s'enrôleront dans le narcotrafic...

Sa détermination, sa voix cassée et ses bras amaigris ont fait le tour du monde. À deux reprises, en 2005 et en 2007, l'évêque Luiz Flavio Cappio a occupé le devant de la scène politique brésilienne en faisant une grève de la faim. Retranché dans son église, à Sobradinho, au cœur de l'État de Bahia, il protestait contre le détournement du fleuve São Francisco pour l'irrigation, un projet pharaonique que le président Lula veut laisser en héritage. À chaque fois, il a menacé d'aller jusqu'à la mort, provoquant l'agacement du Vatican qui l'a rappelé à l'ordre.

Affaibli, il a renoncé à son geste, mais les mouvements sociaux ont fait de ce petit bout d'homme leur étendard. Que le détournement du fleuve soit justifié ou non – les spécialistes n'ont pas fini d'en discuter –, l'évêque est parvenu à faire figure, dans les médias, de David contre Goliath. Même s'il poursuit les travaux, le gouvernement a été contraint de traiter avec plus d'attention la question du déplacement des villages et l'impact environnemental du projet.

C'est sous la dictature, alors que les partis politiques sont interdits, que les religieux forment un embryon de société civile, au nom de la théologie de la libération qui plaide « l'option prioritaire pour les pauvres » (*voir chapitre 9*). Combattu par le Vatican, concurrencé par les autres Églises, le mouvement s'est essoufflé, même si certaines figures continuent à s'interposer entre faibles et puissants.

Le père Julio Lancellotti est l'une d'elles. À São Paulo, il a fondé une Maison de la vie pour recueillir les enfants infectés par le virus du sida, abandonnés ou orphelins. Il lutte au quotidien contre la politique « hygiéniste » du maire, qui traque les sans-domicile fixe, et prête secours aux milliers d'immigrés illégaux venus de Bolivie, dont les conditions de travail dans les ateliers de textile de la ville confinent à l'esclavage.

Dans les profondeurs de l'Amazonie, d'autres prennent le relais. Laissant de côté leur mission première, évangéliser les Indiens, ils prennent la défense des premiers habitants de la forêt et celle des petits agriculteurs. À plus de quatre-vingts ans, le Français Henri Burin des Roziers est arrivé dans les années 1970 dans l'État du Pará. Avocat de formation, le religieux s'est distingué dans la lutte contre le travail esclave et en faveur des paysans sans terre. Il y a perdu sa liberté. Il ne peut plus faire un pas sans tressaillir lorsqu'une ombre se profile derrière lui : les *fazendeiros* ont mis plusieurs contrats sur sa tête. En Amazonie, une bonne douzaine de religieux sont ainsi menacés de mort.

Une nouvelle façon de gouverner

En 2001, ils étaient moins de 15000, réunis à Porto Alegre pour le premier Forum social mondial (FSM), à croire, comme le dit leur slogan, qu'« un autre monde est possible ». Quatre ans plus tard, c'est la cohue : 120 000 personnes se retrouvent pour ce rassemblement qui se veut une réponse au Forum économique mondial de Davos, en Suisse, où se retrouvent les patrons de la finance et de l'industrie du monde entier.

Deux ans après la première grande mobilisation contre l'OMC à Seattle, aux États-Unis, ce n'est pas un hasard si les organisations citoyennes s'étaient donné rendez-vous à Porto Alegre. La capitale du Rio Grande do Sul est en effet un laboratoire d'expériences sociales, en particulier depuis que le Parti des travailleurs (PT) y a remporté l'élection municipale en 1988. Les maires successifs ont mis en place un budget participatif qui, en associant la population à la répartition des recettes et des dépenses municipales, inaugure une nouvelle façon de gouverner.

Le budget participatif n'a pas été inventé à Porto Alegre, mais la taille de la ville (1,3 million d'habitants, au cœur d'un district urbain de 3,3 millions) donne à l'expérience une ampleur nouvelle. En 2001, c'est du tissu social brésilien qu'a

À l'avant-garde de la lutte contre le sida

Pour le ministère de la Santé, le carnaval est une date clé. C'est le moment choisi par le gouvernement pour distribuer des millions de préservatifs et lancer une campagne de prévention contre le sida qui se poursuivra toute l'année.

Mis en place en 1985, au lendemain du rétablissement de la démocratie, et avant même l'adoption de la nouvelle Constitution, le programme de lutte contre le sida est l'une des seules mesures à avoir acquis le statut de politique d'État, maintenue par tous les gouvernements, quelle que soit leur appartenance politique. Alors que le pays avait toutes les conditions démographiques et sociales pour connaître une épidémie aussi dévastatrice que celle de l'Afrique du Sud, le Brésil est cité en exemple par l'Organisation mondiale de la santé (OMS).

Malgré les réticences de l'Église, Brasília n'hésite pas à financer des publicités explicites. Ici, l'acte sexuel est au centre du message, tout comme la façon d'utiliser le préservatif. Celui-ci y a même gagné le joli surnom de « *camisinha* », la « petite chemise », que l'on porte quand on sort. Parallèlement, le Brésil a institué le dépistage gratuit et anonyme, et offre à tous les séropositifs un cocktail des rétroviraux les plus modernes.

Ce choix a conduit le gouvernement à une partie de bras de fer avec les laboratoires pharmaceutiques pour obtenir une diminution du coût du traitement au niveau national et international. En 2000, le Brésil a pris la tête des pays en voie de développement au cours de la conférence sur le sida de Durban pour garantir l'accès des malades du monde entier aux traitements ainsi que l'obligation pour les laboratoires d'offrir des remèdes génériques.

Le programme brésilien de lutte contre le sida fournit un cocktail de dix-huit médicaments à 200000 séropositifs, pour un coût total de 200 millions de dollars. Les deux tiers de ce budget sont absorbés par les brevets des compagnies pharmaceutiques. Depuis 1998, Brasília a négocié une diminution de la facture, jugée insuffisante.

En mai 2007, Lula a franchi un pas supplémentaire en décidant de casser le brevet de l'Efavirenz, le médicament anti-sida du laboratoire Merck, pour lancer un générique en février 2009. Ce brevet garantissait à l'entreprise le monopole de la vente du médicament, interdisant au gouvernement d'en produire ou d'en importer. La Thaïlande l'avait déjà fait auparavant, mais, par sa puissance économique et géopolitique, le Brésil a créé un important précédent.

En 2013 toutefois, sous la pression des députés et sénateurs évangéliques, le gouvernement a retiré des lycées un matériel pédagogique qui incitait à l'utilisation du préservatif contre les maladies sexuellement transmissibles. « Une marche arrière inquiétante », selon Pedro Chequer, le directeur du programme de l'ONU contre le sida à Brasília.

surgi la proposition du FSM. Le Mouvement des sans-terre (MST), l'Association brésilienne d'organisations non gouvernementales (Abong) et la Commission brésilienne justice et paix (CBJP) sont les premiers à plaider pour un espace où la société civile pourrait discuter des principales questions soulevées par la mondialisation telles que le développement durable, la démocratie, la militarisation, les médias, la culture hégémonique, etc. D'abord dénommé « antimondialiste », le mouvement se dit l'année suivante « altermondialiste ».

Sans délivrer de déclaration finale, le Forum social se veut avant tout un espace de débat et d'élaboration de propositions. Établi à Porto Alegre les trois premières années, il devient ensuite itinérant, voire éclaté en plusieurs pôles. En 2004, 2006 et 2007, ses participants se retrouvent à New Delhi, Caracas et Nairobi. En janvier 2009, il revient au Brésil, en Amazonie cette fois, à Belém. Parallèlement, le FSM essaime, de manière indépendante, dans le reste du monde. On voit ainsi surgir les Forums sociaux européens, des Amériques, africain, asiatique, de la Méditerranée, du Maghreb et du Moyen-Orient.

À partir de la seconde moitié des années 2000, l'esprit de Porto Alegre présente des signes d'essoufflement. Rendez-vous récurrent, il s'attire moins la curiosité des médias. C'est aussi la conséquence de l'affrontement, en son sein, entre une tendance qui défend l'autonomie du mouvement altermondialiste face aux acteurs politiques, et une autre plaidant pour le soutien à certains gouvernements de gauche, notamment latino-américains. Pour de nombreux militants, « l'autre monde possible » ne s'invente plus à Porto Alegre, mais à Caracas ou à La Paz, à travers un engagement politique sans ambiguïté.

Que ce soit sur le terrain de l'altermondialisme ou en se battant pour les plus faibles, la société civile a progressivement poussé l'État à incorporer nombre de ses revendications. La question de l'Amazonie ou celle des droits des Indiens ne peuvent plus, au moins d'un point de vue rhétorique, être laissées de côté par les autorités politiques. Tout comme le problème de la faim, de l'éducation, et de la santé.

Internet bouscule les hiérarchies

En 2007, pour la première fois, les Brésiliens ont acheté plus d'ordinateurs que de télévisions. Une révolution dans le pays de la *telenovela*. Avec la revalorisation du real par rapport au dollar, les prix des ordinateurs se sont effondrés, les mettant à portée de presque toutes les bourses, quitte à payer en plusieurs mensualités.

Mais c'est surtout la diffusion d'Internet qui a bouleversé le paysage. En juillet 2013, plus de 102 millions de Brésiliens avaient accès à la Toile : à la maison, au travail, ou dans les *lan houses*, ces cybercafés qui poussent comme des champignons dans les périphéries. En moyenne, ils sont connectés soixante heures par mois.

Le Brésil est le champion toutes catégories des communautés virtuelles. Après s'être passionné pour le site *Orkut*, il l'a abandonné pour *Facebook*, devenant la deuxième population la plus active sur ce réseau social après celle des États-Unis. Les sociologues n'ont pas fini d'analyser l'impact d'Internet sur la population, en particulier la plus défavorisée. Dans les favelas, où l'insécurité fait obstacle à la circulation physique, Internet ouvre des portes aux adolescents : sur le quartier d'en face, sur d'autres villes ou sur l'étranger.

Avec la sensation de pouvoir s'approprier, au même titre que les classes moyennes, cette révolution technologique, les plus défavorisés l'envisagent comme un nouvel accès à l'éducation et à l'information. Ils en deviennent également acteurs. C'est très net sur le terrain médiatique : aux canaux traditionnels de l'information répondent désormais des voix alternatives. Alors que les grands journaux préfèrent ne plus couvrir la vie dans les favelas, soit parce qu'ils estiment que l'information n'intéresse pas leurs lecteurs et qu'elle fait fuir les annonceurs, soit parce qu'ils ont peur pour leurs journalistes, c'est de l'intérieur, *via* des sites et des blogs, que proviennent les dernières nouvelles.

Le gouvernement semble avoir pris conscience des enjeux de l'« inclusion digitale ». Il favorise, par sa politique fiscale, la baisse des prix des équipements et s'attaque à une citadelle, celle des logiciels payants. Là encore, l'initiative vient de la société civile, et de Porto Alegre. C'est là que sont nées, vers le milieu des années 1990, les premières communautés de développeurs de logiciels libres – par opposition à ceux vendus à prix d'or par des multinationales, tel Microsoft. Le lobbying de ces dernières a longtemps freiné le mouvement à l'échelle nationale, laissant libre cours à la piraterie.

À partir de 2003, le gouvernement affiche sa détermination à généraliser les logiciels gratuits, rejetant les propositions de Microsoft (en partenariat avec l'UNESCO !) de l'« aider » à réduire la fracture digitale. À la séduction se substitue l'intimidation. En 2005, le géant de l'informatique n'hésite pas à poursuivre en justice un haut fonctionnaire brésilien qui avait déclaré, dans une interview, que l'offre gratuite de logiciels faite aux gouvernements par Microsoft était une pratique assimilable à celle des trafiquants de drogue.

Brasília dote toutes ses nouvelles installations de logiciels libres. Le cas le plus emblématique est celui de la Caixa econômica federal, l'une des principales banques d'Amérique latine. Gérant le réseau de loteries nationales, elle a décidé, en 2006, de s'affranchir du système de traitement de données de la multinationale américaine Gtech au profit du logiciel libre Linux. En 2008, c'est aux 430000 urnes électroniques du système électoral de connaître une migration similaire. Cela devrait être progressivement le cas de l'appareil d'État.

9 Église, églises, croire à la mode brésilienne

MISSIONS
CATHOLICISME
THÉOLOGIE DE LA LIBÉRATION
ÉGLISES ÉVANGÉLIQUES
RELIGIONS AFRO-BRÉSILIENNES

En juillet 2013, c'est sur la plage de Copacabana que le tout nouveau pape François a communié avec des millions de personnes à l'occasion des Journées mondiales de la jeunesse (JMJ). Ce n'est pas un hasard : si le Brésil reste, avec 123 millions de fidèles, le premier pays catholique au monde, leur part est tombée de 89 % en 1980 à 65 % en 2010, au profit des évangéliques, qui sont passés de 6 % à 22 %. La Fondation Getúlio Vargas estime que, depuis les années 1980, la part des catholiques a décru chaque année d'environ 1 %, du fait de l'incapacité de la religion à s'adapter aux mutations de la société, de plus en plus urbaine.

Née dans les campagnes, l'Église catholique brésilienne conserve une logique rurale, symbolisée par un lieu de culte au centre du village, visité tous les dimanches. Ce modèle n'est pas dans le ton de l'urbanisation sauvage des favelas. Dans les périphéries misérables des villes comme au sein de la classe moyenne, l'Église catholique peine à faire face au poids croissant des pentecôtistes, ainsi qu'à la permanence des religions afro-brésiliennes.

L'installation de l'Église catholique au Brésil n'a pas été simple. Les missionnaires se trouvaient face à une terre gigantesque, peuplée d'Indiens animistes, qu'ils disputaient aux colons, qui voulaient en faire des esclaves au service de leurs plantations. Nommé en 1552, à Salvador, premier évêque du Brésil, Dom Pedro Fernandes Sardinhas entre d'emblée en conflit avec les pouvoirs locaux. En 1556, il abandonne sa mission pour rentrer en métropole, mais son bateau fait naufrage. Il parvient à nager jusqu'aux côtes, où il est récupéré par une tribu d'Indiens cannibales, qui le dévorent.

Son sort n'a guère encouragé les nouvelles vocations... Parmi les évêques portugais nommés dans les premiers temps, la majorité refuse de faire le voyage. L'évangélisation est poussive, au point qu'en 1822, date de l'indépendance, le territoire est encore qualifié de « terre de mission ». Rien à voir avec l'Empire espagnol, où l'Église est alors profondément enracinée.

Rome n'a eu que peu de prise sur les premiers temps de la colonie. Le Saint-Siège fait confiance au Portugal, qui a gagné du prestige dans sa bataille contre les Maures, pour installer la religion catholique sur cette terre vierge. Elle lui confie même le droit de nommer les hauts membres du clergé. Pour Lisbonne, l'Église installée au Brésil a certes une fonction religieuse, mais elle est d'abord le relais du pouvoir royal, et intervient dans le contrôle social. Le catholicisme des Portugais, qui s'est déjà confronté à plusieurs autres cultures, est moins rigoriste que celui des Espagnols. Au Brésil, ce trait est accentué par le faible nombre de prêtres et par l'indigence de leur formation. Installés sur des terres reculées, ils ne sont pas rares à succomber à la tentation de la chair en prenant des concubines et en élevant les enfants nés de cette union.

Le rôle majeur des missions jésuites

Les jésuites se démarquent pourtant de cette complaisance, assumant l'essentiel de l'activité missionnaire. Arrivés en force au début de la colonie, ils entreprennent la conversion des Indiens en bâtissant des missions, dont le rôle est primordial dans la fondation des premières villes. On leur doit notamment la création de São Paulo, à partir de laquelle ils rayonnent à l'intérieur du pays.

Ils choisissent des zones peu peuplées, entre les Empires espagnol et portugais, où ils enseignent aux Indiens l'artisanat et des techniques agricoles, en les protégeant contre les marchands d'esclaves. C'est ainsi que naissent les Réductions jésuites. Le terme, qui dérive du latin « *reducere* » (« regrouper »), fait référence à la tentative de rassembler dans un même lieu une population indigène. Au fil des ans, ils se bâtissent un petit empire le long du fleuve Paraná, mettant en œuvre une colonisation « douce » qui sauve de la mort des milliers de Guaranis, même si elle contribue aussi à la destruction de leur culture et de leur identité indiennes.

Mais l'hostilité des grands propriétaires terriens, la découverte de métaux précieux à proximité des Réductions et surtout les rivalités entre les Empire portugais et espagnol finissent par déloger les jésuites. *Mission*, le film qui remporta la Palme d'or au festival de Cannes en 1986, retrace l'épisode qui fait d'une série de Réductions jésuites une monnaie d'échange entre les deux puissances coloniales, prévoyant le déplacement de dizaines de milliers de Guaranis.

Ces derniers refusent et préfèrent la guerre contre les bataillons espagnols et portugais. Ils sont décimés, et les jésuites, expulsés du Brésil en 1759. Les villes de Santo Angelo, São Miguel das Missões, São Lourenço das Missões dans l'État du Rio Grande do Sul, et São João Batista dans l'État de Santa Catarina ont remarquablement préservé leur héritage.

Avec le départ des jésuites disparaît l'élément le plus cultivé de la colonie, que ne remplaceront jamais les autres ordres demeurés sur place, comme celui des franciscains. Une fois indépendant, le Brésil n'en embrasse pas plus les dogmes de Rome. Le Roi Pedro II est catholique, mais il affiche une distance respectueuse avec le Vatican, refusant par exemple la nomination d'un cardinal brésilien, qui serait le premier d'Amérique du Sud. La condamnation de la franc-maçonnerie par le Saint-Siège, en 1864, creuse encore le fossé, Pedro II refusant d'appliquer la sentence.

Avec la proclamation de la république, en 1889, la rupture est consommée. La nouvelle Constitution déclare la séparation de l'Église et de l'État, l'interdiction de l'enseignement

Frère Galvão, premier saint brésilien, et les petites pilules miraculeuses

La scène se répète chaque jour. Dès l'aube, des dizaines de personnes se pressent à la porte du Monasteiro da Luz, à São Paulo. Elles sont là pour récupérer un kit de trois petites pilules réputées conjurer les mauvais esprits, guérir les maladies graves et régler les problèmes de fécondité. Confectionnées par treize religieuses de l'ordre de l'Immaculée Conception, les pilules perpétuent un rite né au XVIIIe siècle, des mains du frère Antonio de Santa Ana Galvão dit « Frei Galvão ».

Né en 1739 à Guaratinguetá, dans l'État de São Paulo, le jeune franciscain abandonne les siens pour s'installer à São Paulo, où il devient poète, intègre la première Académie des lettres brésilienne et se bat pour les plus démunis.

Un soir, appelé au secours par un homme impuissant face aux douleurs de son fils, qui souffrait de calculs rénaux, Frei Galvão inscrivit sur un bout de papier une invocation à la Vierge en latin, la roula pour en faire une pilule et ordonna au patient de l'avaler. La douleur disparut. Le miracle se serait reproduit avec une femme en couches à l'agonie. Une fois le remède administré, la femme et l'enfant étaient sains et saufs.

L'histoire vola de bouche en bouche, incitant des dizaines de fidèles à réclamer la pilule miracle. À la mort de Frei Galvão, en 1822, les religieuses du monastère prirent le relais. Elles en distribuent aujourd'hui environ cinq mille par jour, et viennent d'autoriser d'autres congrégations à les confectionner pour répondre à la demande.

Dès le début du XXe siècle, des voix se sont élevées pour exiger la canonisation de Frei Galvão. Or, si les bonnes sœurs assurent avoir recensé plus de 8000 miracles au cours de la dernière décennie, elles n'ont réussi à en documenter que deux (minimum exigé par le Vatican). En 2007, le pape Benoît XVI a profité de son voyage au Brésil pour annoncer la canonisation de Frei Galvão, donnant ainsi au premier pays catholique du monde son premier saint.

religieux dans les écoles publiques, et ne reconnaît plus que le mariage civil.

La greffe catholique au Brésil ne pouvait ignorer l'environnement, l'héritage animiste indigène, les croyances des millions d'esclaves déportés d'Afrique et les superstitions de Portugais ballottés d'océan en océan. La rude vie dans le Nord brésilien a contribué à donner naissance à cette religiosité unique au Brésil, faite de mysticisme, de superstition et de magie.

Dans les zones les plus pauvres, les masses sont promptes à adhérer aux discours de messies promettant l'amélioration de leur quotidien en faisant miroiter des miracles. C'est le cas du prédicateur Antonio Maciel (*voir chapitre 3*). Toujours soucieuse de contrôle social, l'Église a ainsi récupéré avec brio l'un de ces symboles, Nossa Senhora da Conceição Aparecida.

La légende commence en 1717, quand un groupe de trois pêcheurs décide de tenter sa chance sur le fleuve Paraíba. Les heures passent. Le désespoir les gagne, car ils ne font aucune prise. Le bateau arrive à proximité de Porto Itaguaçu, lorsque l'un d'entre eux ramène dans son filet une statue de Nossa Senhora da Conceição, brisée, sans tête. Il lance de nouveau le filet, et attrape le second fragment de la statue. À partir de ce moment, la pêche est miraculeuse. Les trois compères recueillent tellement de poissons qu'ils craignent de voir leur bateau couler sous le poids. Le mythe est lancé.

Tout le voisinage commence à dédier ses prières à la sainte, avant de lui construire une chapelle. Surnommée « Aparecida », la cité qui l'abrite devient une ville. En 1929, le pape Pie XI proclame la sainte patronne officielle du Brésil. Un lieu de culte de plus de 20 000 m^2 lui est dédié, faisant d'Aparecida le principal lieu de pèlerinage du pays. Plus de 7 millions de fidèles y affluent chaque année.

Double langage catholique, entre Vatican et théologie de la libération

Introduite comme un levier de contrôle social, l'Église est naturellement l'alliée du pouvoir et des puissants, invitant les masses misérables à accepter leur sort en espérant une vie meilleure dans l'au-delà. Elle voit avec complaisance, sinon complicité, les forces armées se préparer à renverser le gouvernement du président progressiste João Goulart en 1964. Le coup d'État est d'ailleurs précédé par des manifestations de la classe moyenne faisant systématiquement référence à la nécessité de sauver le mode de vie occidental et chrétien « contre la menace bolchevique », notamment la marche de la famille avec Dieu pour la liberté.

La violence de la répression lancée par la junte, parfois même contre des membres du clergé, provoque un changement de posture de l'Église. Une bonne partie de ses membres avaient d'ailleurs choisi depuis longtemps le camp progressiste. Le pédagogue Paulo Freire (1921-1997) est un exemple de cette aile catholique qui s'attaque aux sources des inégalités plutôt que de se borner à consoler les plus pauvres. Il crée une méthode d'alphabétisation révolutionnaire capable d'apprendre à lire et à écrire à 300 travailleurs en 45 jours.

Lancée dans le Pernambuco, la méthode connaît un tel succès que le gouvernement fédéral décide de la généraliser au début des années 1960. Il a en ligne de mire l'augmentation du nombre d'électeurs : jusqu'en 1985, il faut en effet savoir lire et écrire pour voter. Paulo Freire va plus loin. Il prêche la conscientisation des paysans et des ouvriers, et leur mobilisation face à leurs patrons. La méthode ne survivra pas au coup d'État militaire de 1964. La junte l'élimine aussitôt et contraint Paulo Freire à s'exiler. Elle reste en revanche en vigueur au sein de programmes d'alphabétisation populaire. Elle fera des adeptes sur tous les continents.

L'épisode illustre l'importance croissante de la théologie de la libération. Née en Amérique latine dans les années 1950, cette doctrine fait des plus pauvres la priorité de l'Église, arguant que Jésus est venu sur terre pour lutter contre la faim, la misère, l'ignorance et l'oppression. Pour les adeptes de la théologie de la libération, la foi est essentiellement politique, mise en pratique à travers des communautés ecclésiastiques de base (CEB), disséminées dans tout le pays, réunissant religieux et laïcs pour œuvrer à l'amélioration du niveau de vie.

Spontanées, dans les premiers temps, les CEB sont encouragées par la hiérarchie religieuse, qui y voit une façon de canaliser les protestations sans verser dans le communisme, à l'époque où le sous-continent est fasciné par la victoire de la révolution cubaine, en 1959. Sous l'impulsion de quelques grandes figures, tels l'archevêque de São Paulo Dom Paulo Evaristo Arns, ou l'évêque de Recife et Olinda Dom Helder Camara, naissent aux côtés des CEB d'autres structures chargées d'organiser la lutte dans des domaines précis : la Commission pastorale de la terre, pour les paysans sans terre, le Cimi (Conseil indigéniste missionnaire) pour défendre les droits des Indiens, la Commission pastorale de l'Enfant, etc.

L'ampleur des inégalités au Brésil et la répression de la dictature incitent de nombreux membres du clergé à passer de la dénonciation de la torture à la revendication d'un changement radical, à la reconnaissance de la lutte des classes, voire à l'adhésion aux théories marxistes. Le pouvoir latent des CEB est considérable. Elles réunissent à l'époque de la dictature entre 3 et 5 millions de membres au sein de 80000 unités dans tout le pays, une capillarité qu'aucun parti de gauche n'a jamais atteinte.

L'arrivée de Jean-Paul II au Vatican, en 1978, change la donne. Férocement opposé à la théologie de la libération, le nouveau pape, épaulé par Joseph Ratzinger, entame une destruction systématique du mouvement. En 1984, son principal porte-parole, le franciscain Leonardo Boff se voit infliger la première d'une longue série de sanctions. Il lui est interdit d'écrire des articles, d'enseigner et de parler en public. Au Brésil, tous les évêques progressistes qui partent à la retraite sont remplacés par des conservateurs, alors qu'à São Paulo le diocèse de Dom Paulo est dépecé en quatre parties, lui retirant les zones les plus populaires, pour limiter son influence.

Au début des années 1990, après la chute du mur de Berlin et la défaite électorale des sandinistes, le déclin de l'aile progressiste de l'Église s'accélère. Affaiblie, la théologie de la libération n'a pourtant pas disparu du Brésil. La Commission pastorale de la terre, par exemple, joue toujours un rôle central, les prêtres continuant à mettre leur vie en jeu pour défendre les plus démunis. Mais, sur le terrain, les catholiques ne sont plus seuls. Ils doivent compter avec la concurrence des Églises évangéliques.

La montée en puissance des Églises évangéliques

Tous les ans, c'est une véritable démonstration de force. La marche pour Jésus réunit sur l'avenue Paulista, la principale artère de São Paulo, plus de 2 millions de fidèles. Le phénomène se répète dans toutes les grandes capitales, martelant un même message : si les évangéliques ne représentent que 22 % de la population, leur nombre va croissant.

Le protestantisme des immigrés allemands, trop étranger à la culture brésilienne, n'a pas pris. Il a fallu attendre les années 1960 et l'industrialisation massive du pays pour que les religions évangéliques pentecôtistes y prennent pied. Elles se comptent aujourd'hui en dizaines, les principales étant l'Assemblée de Dieu, l'Église pentecôtiste Dieu est Amour et l'Église universelle du Royaume de Dieu.

Dans les villes, on les retrouve dans d'anciens cinémas ou des usines désaffectées, reconnaissables à leurs enseignes en néon se réclamant de Dieu, de Jésus ou du Saint-Esprit. Dans les favelas, elles égrainent une permanence tous les deux cents mètres. Les évangéliques ont su profiter de la crise économique des années 1980 et 1990 et des changements de la société pour s'imposer face à un clergé catholique qui véhicule une image de *statu quo*, d'immobilisme.

À la traditionnelle pauvreté s'est ajoutée une nouvelle misère, avec l'explosion de la consommation de drogue, la prostitution, le sida, la multiplication des armes à feu… L'aile conservatrice de l'Église catholique prône l'acceptation de la misère, l'aile progressiste plaide pour la mobilisation de groupe au sein de syndicats et de partis. De leur côté, les évangéliques insistent sur l'individu, et sa possibilité de transformer son existence à force de travail et de foi. Dans une société fortement dépolitisée comme le Brésil, cet objectif paraît plus accessible qu'une révolution collective.

La foi évangélique repose sur une poignée de credo. La maladie est une manifestation de la présence du diable dans le corps ; l'exorcisme permet donc de guérir. De la même façon, c'est Satan qui fait succomber aux maux de la société moderne : drogue, violence, adultère, etc. À chaque réunion de fidèles, le pasteur choisit d'extirper le Malin (maladie ou vice) du corps de l'un d'entre eux, qui entre alors en transe devant le public. Les fidèles sont appelés à s'accomplir à travers le travail, la recherche de l'enrichissement, et à fuir les futilités de la danse et de l'alcool.

Peu à peu, les adeptes de la religion évangélique ont gagné la réputation d'être plus honnêtes. Ils sont donc plus facilement embauchés et promus. De même, fuyant les bars et les boîtes de nuit, ils accumulent les économies et s'enrichissent. Certaines Églises ont fait passer l'idée que plus la foi est importante, plus la cure a de chances de donner des résultats. Et la foi est proportionnelle à l'argent versé par le fidèle à l'Église, faisant la fortune du pasteur, qui contrôle la totalité des fonds…

Le rock catholique du padre Marcelo

« C'est la mère de toutes les églises » : le père Marcelo Rossi, la principale figure du mouvement charismatique de l'Église catholique, définit en ces termes le sanctuaire de la Mère de Dieu, le gigantesque temple qu'il a inauguré fin 2012 dans le sud de São Paulo. Tout en courbes et surplombé d'une croix haute de quarante-deux mètres, celui-ci devra, entre l'intérieur et l'extérieur, accueillir cent mille fidèles, un record au Brésil. C'est bien ce qu'il fallait pour une messe aux allures de show.

Dès l'entrée du prêtre, la lumière baisse d'intensité, les projecteurs se braquent sur le père Marcelo, sorti en courant des coulisses. Vêtu d'une robe pourpre, il sourit à ses fidèles, fait un signe à son orchestre composé d'une batterie, de guitares électriques et de chœurs, et entonne : « Jésus, Jésus ! Mon bien-aimé... » Aux quatre coins du hangar, les fidèles ferment les yeux, portent la main au cœur, et reprennent le refrain : « Jésus! Jéééésuus! » En quelques minutes, le prêtre change de rythme pour se lancer dans un rock endiablé : « Je suis catholique/apostolique/romain! » chante-t-il dans le micro, esquissant un pas de danse.

Pendant deux heures, une foule hystérique reprend les tubes du père Marcelo, sur des rythmes rock, pop ou des slows langoureux. Tout le monde les connaît sur le bout des lèvres. En quelques années, le prêtre est devenu le premier vendeur de disques du Brésil, avec plus d'un million par an. Il a même détrôné le roi de la pop Roberto Carlos.

Ancien professeur de gymnastique, Marcelo Rossi, grand et beau garçon, a été ordonné prêtre en 1994 au sein d'une Église catholique en pleine déprime. Il devient la principale figure de la « Rénovation charismatique », un mouvement surgi après le concile du Vatican II (1962-1965), avec l'objectif de changer les méthodes de l'Église pour la rapprocher du peuple.

Alors qu'une partie de l'Église traditionnelle plaide pour un retour aux sources, voire à une messe en latin, le père Marcelo parle simplement à ses fidèles, essentiellement de leurs problèmes quotidiens. La majorité d'entre eux avaient délaissé l'Église catholique depuis longtemps, se plaignant de ne rien comprendre aux prêches des curés, avant de revenir, attirés par ses chants et ses plaisanteries. Leur moment préféré est celui de la bénédiction à l'eau sainte. En vraie star, le prêtre, âgé de quarante-six ans, lance des seaux entiers sur ses fidèles ravis. Il le fait avec d'autant plus d'emphase qu'il est filmé. La messe est retransmise par la Globo, première télévision du Brésil, et commercialisée en DVD, pour ceux qui voudraient se recueillir « en différé ».

Le succès du père Marcelo a fait école : des dizaines de prêtres reprennent désormais ses chansons ou en composent d'autres dans tout le pays. Le phénomène s'exporte même en Argentine, en Uruguay et en Bolivie.

La grande innovation des Églises évangéliques tient à l'utilisation des médias. Journaux, radios, sites Internet et télévision retransmettent les cultes ou les prêches de pasteurs, centrés sur les problèmes du quotidien : la peur du chômage, de la violence, de la maladie, la difficulté à trouver l'âme sœur ou à reconquérir un mari volage. On est bien loin de la liturgie souvent inaccessible des messes catholiques. Ces méthodes « modernes » sont d'ailleurs copiées aujourd'hui par des prêtres catholiques, qui n'hésitent plus à recourir à l'émotion pour séduire de nouveaux fidèles.

L'Église universelle du Royaume de Dieu, fondée en 1977, est le meilleur exemple de cette percée spectaculaire. Au fil des ans, Emir Macedo, son créateur, surnommé « l'Évêque », a monté un empire comprenant l'une des maisons d'édition les plus prospères du pays, des radios dans tout le pays, un hebdomadaire, *Folha universal* (« La Feuille universelle »), dont la diffusion déclarée dépasse 2 millions d'exemplaires, et surtout une télévision, la Record, deuxième du pays en importance.

La puissance médiatique des évangéliques les a naturellement poussés vers la politique. En 2011, Dilma Rousseff a dû apprendre à composer avec soixante-treize députés qui se revendiquent évangéliques, s'unissent pour voter sur les thèmes liés notamment à la famille, au-delà des frontières partisanes, et occupent des postes clés dans plusieurs commissions législatives. Ceux-ci comptent augmenter leur présence au Parlement de 30 % d'ici 2015.

Les religions afro-brésiliennes

L'image est retransmise dans le monde entier : le 31 décembre, le réveillon de Rio de Janeiro conduit sur la plage de Copacabana plus de 2 millions de personnes, pour le traditionnel feu d'artifice. Vêtues de blanc, elles jettent des fleurs dans la mer. Une invocation à la paix dans le monde ?

Pas du tout. Il s'agit d'une offrande à Iemanja, la déesse des eaux et de la fertilité, un rituel du candomblé, la principale religion afro-brésilienne. Sa récupération par les classes aisées de Rio de Janeiro témoigne du retour en grâce de ces cultes nés dans les communautés d'esclaves noirs.

Baptisés à leur arrivée au Brésil, les millions d'Africains n'ont pourtant adhéré que superficiellement à la religion des Blancs. Trop peu nombreux et mal formés, les prêtres réunissaient les esclaves pour les messes, sans expliquer les fondements de la religion catholique. Quant aux maîtres, peu préoccupés par le sauvetage des âmes de leurs esclaves, ils les laissaient pratiquer leurs propres rites, convaincus qu'ils contribuaient à leur discipline et à la qualité de leur travail.

Il ne s'agit pourtant pas d'une simple transposition. Mêlés dans les plantations, les esclaves issus de diverses régions avaient chacun leur pratique. Les originaires d'Afrique de l'Ouest (actuel Liberia, Nigeria) étaient polythéistes, avec pour chaque groupe de tribu une hiérarchie de dieux, alors que ceux qui avaient été déportés d'Angola ou du Mozambique adoraient les esprits de leurs ancêtres et, selon les tribus, des éléments de la nature. Sans compter que les esclaves venus de la vallée du Niger étaient musulmans. L'interaction de ces cultes avec le catholicisme portugais et le terreau animiste indigène du Brésil a donné lieu à une multiplicité de religions dont la complexité ne saurait être résumée en quelques lignes. La plus connue d'entre elle est le candomblé de Bahia.

Né de la juxtaposition des symboles africains et catholiques – les esclaves reconnaissent par exemple dans la Vierge Marie la déesse Iemanja –, le candomblé est toutefois une religion radicalement différente. Alors que le christianisme n'a qu'une seule divinité, le candomblé en reconnaît au moins seize, douze principales et quatre secondaires, chacune étant susceptible d'être démultipliée. Dans le *terreiro*, le temple du candomblé, on apprend qu'à chaque individu correspond

Petit panthéon du candomblé

Exu, le premier à recevoir les offrandes, connu pour ouvrir et fermer les chemins, est le principal lien entre les hommes et les *orixás*. Souvent représenté par la couleur noire, il a une prédilection pour les boissons fortes, en premier lieu la *cachaça*, dérivé de la canne à sucre. Le tempérament des personnes qui lui sont attachées est souvent vif, blagueur, mais également volontiers menteur et provocateur de disputes.

Iansã est l'un des *orixás* les plus appréciés. Actives et séduisantes, ses filles sont rarement femmes au foyer. En entreprise, elles sont souvent leaders. Énergiques, parfois arrogantes, elles choisissent leurs amants et en changent sans complexe.

Iemanjá, la reine de la mer, représentée par le bleu clair, le blanc et le rose, est populaire auprès des classes moyennes, peut-être du fait de sa peau blanche. Elle protège les familles, les enfants et la pêche. Ses filles, des femmes à constitution forte et sensuelle, se montrent dignes de confiance, mais souvent jalouses et ont tendance à intervenir dans les affaires des autres.

Nanã, l'*orixá* le plus vieux et le plus vénérable. On le redoute plus qu'on ne l'aime. Le tempérament de ses fils est austère, sans charme, mais loyal. Sa vengeance peut se révéler implacable.

Obaluaiê, *orixá* des épidémies, est lié à la mort. Ses fils, souvent pessimistes, marqués par les déceptions amoureuses et la mélancolie, sont aussi persévérants et assidus.

Ogum, l'un des préférés des habitants de l'État de Rio de Janeiro. *Orixá* de la guerre, de la civilisation et de la technique, il affiche une virilité volontiers machiste. Ses fils sont souvent musclés, impatients, voire agressifs. Intransigeants, ils sont aussi très efficaces dans leur travail.

Oxalá, le plus ancien, moule et donne vie aux hommes. Il tire son nom d'une déformation de la formule musulmane « *inch' Allah* » – « Si Dieu le veut ». Il est miséricordieux. Ses fils sont calmes et réfléchis, de parfaits associés en affaires, mais peu susceptibles de prendre des initiatives.

Oxóssi, *orixá* de la chasse, des animaux, de l'abondance et de l'alimentation, vêtu de vert, est l'équivalent masculin d'Oxum, même s'il a plus d'énergie. Ses fils ont souvent un goût raffiné et ne dissimulent pas leurs pensées, ce qui peut se révéler problématique en affaires.

Oxum est l'*orixá* de la beauté, très lié au monde spirituel, et d'un instinct maternel prononcé. Les personnes qui dépendent d'elle sont les amis idéaux. Souvent admirés, ils trouvent toujours autour d'eux des personnes pour les aider. Toutefois, il ne faut pas leur confier de responsabilité trop importante.

Xangô représente le pouvoir absolu, l'énergie et la justice. Entouré de plusieurs femmes, il est jaloux, volontiers destructeur. Les fils de Xangô ne se retrouvent jamais totalement démunis; son énergie leur permet de faire face aux situations les plus difficiles. Ils sont honnêtes en affaires, car susceptibles d'être punis sévèrement par leur *orixá*.

une divinité personnelle, un archétype mythologique qui explique ses désirs et ses comportements, c'est son *orixá*. Ce dernier est défini par un *pai de santo* ou une *mãe de santo,* « père ou mère de saint » comme sont appelés les prêtres du candomblé, à travers l'interprétation de lancers de coquillages, dits « *jogos de buzios* ». Dans les moments difficiles, il faut alimenter cette divinité par des sacrifices et des offrandes, l'apaiser, lui rendre hommage, jusqu'à ce qu'elle montre le chemin à suivre.

Le candomblé ignore le concept de « faute ». Il traite les problèmes des personnes comme des interférences de la réalité extérieure, non comme le fait de démons intérieurs. Contrairement au christianisme, pour le candomblé, il n'y a pas de « bonnes » ni de « mauvaises » caractéristiques chez un individu. Les défauts font partie intégrante de la personnalité, au même titre que les qualités.

Le début de chaque cérémonie de candomblé est dédié à ses sacrifices, sous l'autorité du *pai* ou de la *mãe de santo*. Par la suite, *filhos* et *filhas de santo,* « fils et filles de saint », fidèles devenus adeptes à l'issue d'un long apprentissage, entrent en scène, vêtus aux couleurs de leur *orixá* respectif et se lancent dans des danses. Au fil de la cérémonie, les *orixás* se manifestent chez certains d'entre eux, qui entrent en transe et deviennent des intermédiaires entre les dieux et les hommes.

D'abord confiné parmi la population africaine esclave, prohibé par l'Église, voire persécuté par les autorités, le candomblé a prospéré secrètement jusqu'à l'abolition de l'esclavage en 1888. Il connaît alors une explosion, le *terreiro* apparaissant comme un refuge aux esclaves désormais affranchis, mais livrés à eux-mêmes. Progressivement, il pénètre toutes les couches de la société, devenant partie intégrante de la culture brésilienne. Une adoption d'autant plus facile que le candomblé n'est pas exclusif d'autres pratiques religieuses. Un fidèle catholique n'a aucune difficulté à aller dans la même journée à la messe à l'église et à un rite candomblé le soir.

10 Les femmes prennent le pouvoir

NOUVEAU RÔLE DES FEMMES
VIOLENCES DOMESTIQUES
SEXUALITÉ DÉCOMPLEXÉE
TRADITION DE LA DOUBLE VIE
HOMOSEXUALITÉ

SUR LES PLAGES de Rio de Janeiro, elles sont partout, arborant, quelles que soient leurs formes, ces micro-bikinis qui ont fait le tour du monde. Ce n'est pas qu'une sensation, les femmes sont ici plus nombreuses, et pas seulement sur la plage. Comme tous les pays en voie de vieillissement, le Brésil compte plus de femmes que d'hommes. À Rio de Janeiro, le déséquilibre vire à la disproportion : on compte quatre-vingts hommes pour cent femmes, contre quatre-vingt-quinze au niveau national.

À l'origine, il y a bien sûr la différence d'espérance de vie, classique dans le monde entier, accentuée dans la « ville merveilleuse » par la violence urbaine, qui tue d'abord les jeunes hommes.

La multiplication de métiers informels liés aux tâches domestiques (femme de ménage, cuisinière, aide-soignante auprès des plus âgés) est une autre explication. Quoi qu'il en soit, les habitantes de Rio, proportionnellement plus nombreuses, commencent à exiger de leurs compagnons masculins davantage de respect.

L'image de la *mulata* avide de sexe, soumise aux caprices et à la violence de son compagnon, est bousculée par l'urbanisation de la société et les bouleversements économiques. Peu à peu, les femmes prennent le pouvoir.

Chefs de famille au féminin

Du lundi au samedi, de 9 heures à 20 heures, Luciana travaille dans un salon de beauté de Copacabana. De retour à la maison, elle prépare à dîner pour son mari au chômage et ses deux enfants, range la maison, et fait le point sur les factures à payer. Lorsque les enquêteurs de l'IBGE (Institut brésilien de géographie et de statistiques) sont venus s'informer sur la structure des revenus du foyer, elle ne s'est pas démontée : le chef de famille, c'est elle. Son aplomb, on le retrouve désormais dans tout le pays.

Alors qu'en 1996 seuls 21 % des foyers avaient une femme à leur tête, ils étaient plus de 36 % en 2012. La métamorphose s'explique par leur niveau d'instruction plus élevé et par leur meilleure insertion dans le marché du travail. Le rôle du gouvernement n'y est pas étranger. En mettant en place l'allocation *Bolsa familia* pour les 13,8 millions de foyers les plus pauvres, Brasília a insisté pour qu'elle soit remise aux femmes en priorité. C'est le gage que l'argent sera investi dans la nourriture et l'habillement des enfants, alors que les hommes pourraient le dépenser au bar dès le premier soir.

Cette prise de pouvoir sur le terrain économique s'accompagne de bouleversements sociaux. Si l'ordre machiste continue de prévaloir à la campagne, il est remis en cause dans les milieux urbains. Malheureuse en couple, la femme n'hésite plus à claquer la porte. Le nombre de divorces, en grande majorité à la demande des femmes, est en nette augmentation.

Face à l'injustice sociale et à la violence policière, les femmes sont également en première ligne. La perte d'un enfant, d'un frère ou d'un époux en fait des lionnes. Sans trêve, elles assaillent les autorités, insultent le maire et s'organisent au sein d'ONG pour exiger justice. Elles le font avec d'autant plus de légitimité que la société leur reconnaît implicitement ce droit, estimant que rien ne peut compenser ce qui est appelé « douleur de mère ». Les hommes baissent le plus souvent les bras, convaincus que toute action est inutile, ou paralysés par la conception traditionnelle du macho auquel même la mort d'un proche ne peut arracher des larmes.

L'impact de l'instruction est également sensible sur l'éducation sexuelle. Les enquêtes montrent que les femmes qui sont allées à l'école ont moins d'enfants et, surtout, moins de grossesses non désirées. Alors qu'en 1960 chaque femme avait en moyenne six enfants, elle en a moins de deux aujourd'hui. Enceinte, la femme n'hésite plus à se faire suivre médicalement, ce qui a provoqué une chute impressionnante du nombre de morts aussi bien des femmes que des bébés durant l'accouchement. Dans le milieu rural, la révolution a eu lieu en moins d'une décennie. En 1996, un tiers des femmes n'avaient jamais consulté de médecin avant la naissance de leur enfant; elles sont moins de 4 % en 2006.

On assiste pourtant à une explosion du nombre de grossesses précoces. Dans les quartiers populaires, les lycées accueillent de plus en plus d'adolescentes au ventre rond. Près de 8 % des jeunes filles âgées de quinze à dix-sept ans sont déjà mères, 6 % des moins de quinze ans. C'est que la vie sexuelle commence tôt. Pour les hommes comme pour les femmes, l'âge du premier rapport sexuel est de 14,5 ans. Il s'agit d'une moyenne; beaucoup ont déjà sauté le pas à douze ans, quand la biologie est encore une énigme à leurs yeux.

Il suffit de se rendre dans un *baile funk* le week-end pour voir des gamines vêtues de micro-jupes se trémousser de façon suggestive face à des adolescents qui hurlent les paroles très crues des chansons. En dix ans, la part des adolescentes ayant eu un rapport sexuel avant l'âge de quinze ans a grimpé de 11 % à 33 %. En revanche, après une grossesse précoce, elles décident souvent de ne plus avoir d'enfant, ou attendent de longues années avant d'en concevoir un second. Une décision souvent radicale : à la pilule, près de 40 % des Brésiliennes préfèrent la stérilisation.

Le tabou de l'avortement

C'est l'une des hypocrisies qui coûte le plus de vies au Brésil. L'interdiction de l'avortement, dans un pays où les premiers rapports sexuels sont très précoces et où l'éducation sexuelle est souvent indigente, provoque une hécatombe dans les rangs de la jeunesse, inquiétant aussi bien les ONG que la puissance publique.

Comme dans toute l'Amérique latine – sauf à Cuba et en Uruguay –, l'avortement est au Brésil un « crime contre la vie » puni par le code pénal. Il n'est autorisé que dans deux circonstances : si la grossesse comporte un risque mortel pour la mère, ou si elle résulte d'un viol. Des exceptions qui n'ont pas lieu d'être selon le Vatican, et auxquelles le gouvernement s'accroche, faute de pouvoir imposer un texte plus flexible.

Une grossesse précoce est souvent désastreuse pour le corps de l'adolescente, contrainte à une césarienne du fait de la taille de son bassin. Elle implique aussi la fin de la scolarité et l'abandon de l'enfant. Dans l'hypothèse la plus optimiste, ce dernier est élevé par ses grands-parents. Mais au-delà du drame social, c'est le problème de santé publique qui inquiète les médecins. Certaines qu'elles vont être rejetées par leurs parents, les adolescentes les plus pauvres sont prêtes à tout pour avorter clandestinement.

Les plus désespérées s'introduisent une aiguille à tricoter dans le vagin, provoquant souvent une perforation de l'utérus. Les autres obtiennent d'amis du « milieu » de quoi fabriquer un thé à base d'herbe de marijuana ou, plus efficace encore, achètent au noir deux comprimés de Cytotec. Ce médicament, conçu pour le traitement des ulcères, a la réputation de « tomber sur la tête du fœtus » et de l'éliminer. Il est surtout à l'origine d'hémorragies d'autant plus dangereuses que les adolescentes, honteuses, tardent à se rendre à l'hôpital.

Le service public voit arriver chaque année 220000 jeunes femmes suite à des complications provoquées par un avortement à domicile. Parmi elles, près de 3000 adolescentes âgées de dix à quatorze ans. Beaucoup en meurent, d'autres en gardent de graves séquelles qui les rendent stériles.

Les grossesses non désirées ne sont pas l'apanage des plus pauvres. Les jeunes filles des classes aisées se rendent dans des cliniques qui ont pignon sur rue. L'acte est en théorie illégal, mais il suffit de payer le prix fort pour être tranquille.

Pour les médecins et les militants qui plaident pour une décriminalisation de l'avortement, la situation est de plus en plus compliquée. Selon les dernières enquêtes, plus des deux tiers des Brésiliens sont opposés à un changement de la loi – même si les différences régionales sont importantes, le Sud étant plus libéral que le Nord. C'est en partie le résultat des campagnes organisées par l'Église. À Rio de Janeiro, par exemple, l'archevêché pousse les prêtres à exhiber des poupées en forme de fœtus morts pendant la messe.

Violences domestiques

Dès les premières pages de son roman *Gabriela*, l'écrivain Jorge Amado plante le décor. Nous sommes en 1925, dans la petite ville portuaire d'Ilheus, dans le sud de Bahia. Un bourgeois sort de chez lui, une arme au poing. Il vient de surprendre sa femme dans les bras d'un autre. La police l'arrête, pour la forme. Il sera libéré peu après, invoquant la défense de son honneur.

À Bahia comme dans le reste du Brésil, l'argument a longtemps suffi pour échapper à la prison. Introduite par les colons portugais, qui avaient droit de vie et de mort sur les femmes, cette loi a théoriquement été abrogée à l'indépendance.

Dans la pratique, la majorité des juges ont continué de considérer que défense de l'honneur et légitime défense étaient synonymes. La seule suspicion d'adultère, sans preuve, est acceptée de bonne foi par les magistrats.

À l'origine de ces crises de jalousie, on trouve en général l'alcoolisme, le chômage ou le manque d'argent. Le phénomène existe dans tous les milieux sociaux. En 2011, le gouvernement calculait que 43 % des femmes avaient déjà été victimes de violence domestique, dans un quart des cas de la part de leur compagnon ou ex-compagnon. Quand elles n'en meurent pas, la plupart gardent le silence, par honte, ou par peur de voir leur conjoint aller en prison avec la certitude que la police leur rira au nez.

Maria da Penha Maia Fernandes est l'une d'entre elles. Cette pharmacienne de l'État du Ceará, dans le Nordeste, a supporté pendant des années les coups de son mari, jusqu'à ce qu'il lui tire dessus, en 1983, la laissant dans un fauteuil roulant. La jeune femme porte plainte, mais son compagnon prétend qu'elle a été victime d'une agression à main armée. Deux semaines plus tard, il tente de l'électrocuter alors qu'elle se trouve dans son bain. Résignée, elle le quitte, et demande justice. En vain : malgré les preuves, aucun tribunal brésilien ne condamne le mari.

Ce n'est qu'en 2001, soit dix-huit ans plus tard, que l'affaire aboutit, grâce à l'intervention de la Commission interaméricaine des droits de l'homme. L'organisme, dont les décisions s'imposent aux pays des Amériques, estime que le Brésil n'a pas agi avec la diligence requise pour la protéger. Un précédent juridique qui oblige l'État à ouvrir les yeux sur la violence domestique.

À son arrivée au pouvoir, en janvier 2003, le président Lula inclut dans son gouvernement un secrétariat spécial en charge des femmes, une première. En 2006, il va plus loin en faisant adopter une loi spécifique sur les femmes victimes de violence, baptisée « loi Maria da Penha », en hommage à la pharmacienne. Les agressions physiques perpétrées au sein du foyer, mais aussi les violences psychologiques et sexuelles, ainsi que la destruction de biens sont enfin considérées comme des crimes, destinés à être traités au pénal par des juges spécialisés.

Auparavant, ils étaient déférés devant les tribunaux chargés des affaires mineures. Les plaintes se soldaient alors, au mieux, par le paiement d'une amende ou l'obligation de donner à la victime un colis d'alimentation. Désormais, les hommes soupçonnés d'acte de violence contre les femmes de leurs familles sont passibles d'emprisonnement. La loi a fait grimper la popularité de Lula au sein de la population féminine. Entre 2006 et 2013, plus de 700 000 femmes ont porté plainte dans des commissariats spécifiquement dédiés à ce type d'agressions. Pour la première fois, l'omerta n'est plus la règle.

C'est une victoire pour le mouvement féministe, même si la loi n'est pas toujours respectée. Sans moyen, plusieurs États ont renoncé à mettre en place les tribunaux spécialisés prévus par le texte. Dans d'autres cas, c'est tout simplement le juge qui, par machisme, refuse de l'appliquer, l'estimant inconstitutionnelle. Un magistrat du Rio Grande do Sul a justifié sa décision de boycotter la loi en estimant que c'était aux femmes de bien choisir leurs compagnons. « Pour éviter les coups, elles doivent éviter les amateurs de cachaça », a-t-il affirmé, en référence à l'eau-de-vie nationale. En juillet 2008, vingt-cinq ans après avoir reçu une balle dans le dos, Maria da Penha a reçu une indemnisation de l'État pour négligence, l'équivalent de 24 000 euros.

Une sexualité sans complexe

Les publicités sont partout, en particulier à l'arrière des bus, que l'on peut contempler à loisir dans les embouteillages. On y voit des cœurs rouges, des cupidons armés d'arcs et des photos de chambres coquettes. Ce sont les motels, l'institution brésilienne par excellence. Situés le plus souvent à la périphérie des villes, ces hôtels, destinés aux escapades amoureuses, ont des noms plus directs que subtils : « Corps à corps », « *Profundus* Motel » ou « Manger cru » – en portugais, *comer*, « manger » signifie aussi « sauter », « baiser ».

On y retrouve, comme partout ailleurs, les couples illégitimes, camouflant leurs rencontres derrière des « rendez-vous de travail », mais pas seulement. Les étudiants habitant chez leurs parents s'y réfugient, les couples en quête d'une pointe de piment ou de réconciliation aussi. On y fête les anniversaires de mariage et de rencontre, et ces nids d'amour sont littéralement pris d'assaut le 12 juin, la Saint-Valentin brésilienne. Le couple y arrive en voiture et peut monter directement dans la chambre.

Parfois, le vendredi, il faut attendre des heures avec d'avoir une chambre dans les motels les plus cotés, comme le « VIP », à la sortie de Rio de Janeiro, du fait de sa vue exceptionnelle sur la mer. Pour les autres, la concurrence est rude. Pour attirer le chaland, il ne suffit plus d'offrir une boisson à l'arrivée, c'est la décoration qui fait la différence : lit en forme de cœur, baignoire disposant d'hydromassages, miroirs au plafond et collection fournie de DVD érotiques. Dans certains, le temps maximal a été étendu, pour atteindre douze heures, une vraie nuit. Dans d'autres, il est possible de payer avec les coupons repas versés aux employés par leur entreprise. Pour encourager les couples installés dans la routine à s'encanailler, plusieurs motels ont mis en place des forfaits « seconde lune de miel ». Les clients en sortent la tête haute, prêts à raconter dans un fou rire leurs dernières frasques à des amis.

La littérature brésilienne glorifie le rôle de la femme métisse faite pour l'amour, qui évolue moitié nue, un sourire ingénu aux lèvres. Une caricature qui souligne une réalité. Au Brésil, la sexualité est souvent sans complexe, en tout cas sans sentiment de faute. Ce qui n'exclut en rien la jalousie, bien au contraire : c'est parce qu'il suspecte que sa femme est capable de prendre du plaisir dans les bras d'un autre qu'un homme se met en colère au moindre retard.

Comme les motels, la prostitution s'affiche sans état d'âme. On trouve dans les journaux, à la page « petites annonces », entre la section immobilière et celles des voitures, les services des prostituées, qui décrivent par le menu les atouts de leur morphologie et leurs spécialités. La prostitution est légale au Brésil. Ses prestataires appartiennent à la catégorie administrative des « travailleurs du sexe ». En revanche, les maisons closes sont théoriquement interdites.

Dans les grandes villes du littoral, les prostituées sont la principale attraction touristique. À l'aéroport de Fortaleza, dans le Nordeste, on voit arriver tous les jours des avions en provenance d'Europe dont l'immense majorité des passagers sont des hommes, venus seuls « prendre le soleil ». Derrière la liberté d'une poignée de femmes qui décident de vendre leurs corps se trouvent toutefois souvent des réseaux, fondés sur le trafic de femmes, tenues par le chantage ou la nécessité de

Seconde abolition de l'esclavage pour les employés domestiques

« C'est une journée historique. Nous entrons dans une nouvelle ère, la fin de la servitude ! » : c'est d'un ton solennel que la ministre des Femmes, Eleonora Menicucci, a salué l'entrée en vigueur, le 2 mars 2013, d'une loi appliquant aux employés domestiques les mêmes règles du droit du travail qu'aux autres métiers. Quand, en 1943, le gouvernement promulgua une législation du travail protégeant les salariés de l'exploitation, il en avait en effet explicitement exclu les employés domestiques – nourrices, gardiens, chauffeurs et surtout femmes de ménage.

Jusqu'au vote de la loi, beaucoup travaillaient dix-huit heures par jour, en particulier les femmes de ménage logées chez leurs patrons, s'occupant de l'entretien, des enfants et de la cuisine. C'étaient les premières levées et les dernières couchées. Exiger un tel rythme est désormais illégal, ou très coûteux. La durée hebdomadaire de travail a été limitée à quarante-quatre heures, tout dépassement donnant lieu au paiement d'heures supplémentaires et à un tarif nocturne. En outre, l'indemnité de licenciement a fortement augmenté.

Au-delà du symbole – c'est un pan de la société esclavagiste qui s'effondre –, cette législation implique une révolution dans la classe moyenne. Bien que bénéficier d'une aide domestique soit considéré comme un acquis culturel, beaucoup de foyers peinent déjà à se l'offrir, du fait de la forte augmentation des salaires, fruit de la politique sociale mise en place par les gouvernements de Lula et Dilma. En dix ans, le revenu des domestiques a augmenté de 53,2 %, deux fois plus que les autres emplois, selon l'IBGE. En outre, la main-d'œuvre se fait plus rare : le Brésil a beau rester l'un des champions du travail domestique avec 6,7 millions d'employés, pour la première fois de l'histoire, la catégorie a perdu 500 000 personnes entre 2011 et 2013. La nouvelle génération, en quête de respect et de perspectives d'avenir, préfère se tourner vers d'autres métiers.

survie. Pour l'État, le plus inquiétant est la consolidation de la prostitution infantile, des petites filles et des petits garçons prêts à vendre leurs corps pour un repas…

C'est l'une des surprises de la reprise économique. À mesure que le Brésil crée des emplois, le nombre de mariages augmente. Un indicateur qui souligne que c'est moins le changement des mœurs que la crise qui pousse les couples à bouder la robe blanche.

Mais si le mariage reste une institution vivace dans les petites villes, elle a beaucoup moins de poids dans les capitales. À São Paulo, Rio de Janeiro, Porto Alegre ou Salvador de Bahia, il suffit de vivre sous le même toit pour se dire mariés, la loi a même institué un terme pour cela « *convivente* » (littéralement, « cohabitant »). Au terme de six mois de vie commune, les concubins peuvent prétendre aux mêmes droits que s'ils avaient signé un contrat. Les séparations, fréquentes, sont traitées comme un divorce.

À l'époque coloniale, se marier était en effet très compliqué. Pour peu que l'un des prétendants vienne du Portugal, la bureaucratie exigeait une quantité de papiers qui décourageait les plus pauvres ou les impatients. En outre, le sacrement avait une portée culturelle moindre pour les Indiens et les Africains. Le père jésuite Anchieta a reconnu dès son arrivée au Brésil l'importance du concubinage *portas adentro*, c'est-à-dire dans la même maison. Sans bénédiction, ces couples n'en étaient pas moins stables.

Le mariage avait une autre limite. À l'époque coloniale, les épousailles entre Blancs et Indiennes, Noires ou mulâtresses étaient très mal perçues. Ce tabou a contribué à multiplier les relations extraconjugales (et les naissances conséquentes), le maître blanc puisant dans le vivier de la *senzala*, la maison des esclaves, pour assouvir ses pulsions.

Aux côtés de l'adultère institutionnalisé est née une autre pratique répandue, celle du second foyer. Les hommes entretiennent alors deux maisons, avec des enfants dans chaque foyer. Ce fut le cas du père de l'ex-président Lula. Lorsqu'il quitta le Nordeste pour tenter sa chance à Santos, dans la banlieue de São Paulo, il s'installa avec la cousine de son épouse, qui avait secrètement fui avec lui. Lorsque cette dernière est venue le rejoindre, il commença tout simplement par partager son temps entre les deux maisons, trois jours avec l'une, quatre avec l'autre, avec pour seul principe de pourvoir aux besoins de la totalité des enfants nés des deux unions.

La pratique est ancrée depuis longtemps dans l'histoire du pays. C'est à Brasília, le cœur du pouvoir, qu'elle survit de la manière la plus caricaturale. Élus au Parlement, au Sénat, ou nommés à des postes de hauts fonctionnaires, les hommes s'installent seuls à la capitale, laissant leurs familles dans leur région d'origine. Le plus naturellement du monde, ils se choisissent une nouvelle compagne parmi la nuée de jeunes femmes attirées par l'argent et le pouvoir. Apprenties journalistes, assistantes ou traductrices, ces dernières profitent de cette vie parallèle pour obtenir un poste, une maison ou un chèque mensuel. Celles qui tombent enceintes ont droit à une allocation pour le restant de leurs jours.

La liaison vire parfois au scandale. En 2007, le président du Sénat Renan Calheiros a été contraint de quitter son poste – qu'il a retrouvé en 2013 – après qu'une revue eut révélé sa relation avec une journaliste, et la naissance d'une petite fille. L'adultère n'a ému personne, c'est une banalité à Brasília. Mais que Renan Calheiros lui verse une pension considérable en argent liquide, déposée dans une enveloppe tous les mois par un « ami », professionnel du lobby, pose problème, surtout que le sénateur est incapable de démontrer que cet argent ne résulte pas de la corruption. Comble du ridicule, le mois suivant, ses collègues sénateurs ont découvert en détail les charmes de l'amante, invitée à poser nue pour la revue *Playboy*, une autre institution respectée de tous.

L'homosexualité, entre acceptation et violence

Tous les ans au mois de mai, ils sont des centaines de milliers à converger vers l'avenue Paulista, au cœur de São

Paulo. Narguant les immeubles des plus grandes banques du pays, une cohorte d'hommes et de femmes maquillés de façon outrageuse exhibent des déguisements extravagants et choquent la bonne société. C'est la marche des « gays, lesbiennes, travestis et transsexuels ».

En quelques années, elle s'est transformée en la principale manifestation homosexuelle du monde. Plus de 3 millions de personnes battent le pavé, au son de la musique électronique, avec, en tête de défilé, tous les politiques, qui ne peuvent plus se permettre de boycotter l'événement. Ils défilent sous le drapeau arc-en-ciel, l'étendard international de l'homosexualité et de la liberté d'orientation sexuelle. La *gay pride* est suivie avec attention par les grandes entreprises, qui identifient dans cette communauté des clients à haut pouvoir d'achat.

En 2008, le président Lula a présidé la première conférence nationale sur les libertés sexuelles, incluant homosexuels, travestis et lesbiennes. Une première mondiale qui en dit long sur l'évolution des mentalités.

Pourtant, la diversité sexuelle est loin d'être acceptée paisiblement. Tous les jours, des jeunes hommes sont attaqués à la sortie de boîtes de nuit notoirement gay, par des groupes soucieux de « laver l'honneur masculin ». En 2012, 338 homosexuels ont été assassinés au Brésil ; un toutes les vingt-six heures. Et certaines institutions continuent de refuser d'admettre l'homosexualité en leur sein, notamment l'armée.

En juin 2008, deux sergents homosexuels ont décidé de faire leur *outing* en direct à la télévision, pour dénoncer les tentatives de leurs supérieurs pour les séparer. L'émission est en cours lorsque des soldats encerclent le studio de télévision pour les jeter en prison. L'irruption d'hommes armés a fait scandale. De leur côté, les officiers ont tenté d'étouffer l'affaire en prétendant que l'ordre d'arrestation n'avait rien à voir avec les déclarations sur l'homosexualité des sergents, mais constituait une sanction pour « désertion ».

11 Musiques, « novela », littérature, « feijoada », « cachaça »...

SAMBA
BOSSA-NOVA
MPB
MUSIQUES URBAINES
« TELENOVELA »
LECTURE
LITTÉRATURE
GASTRONOMIE

En 2003, sa nomination a fait sourire dans les coulisses du pouvoir du monde entier. Gilberto Gil ministre de la Culture, un hippie au gouvernement ! Une nouvelle preuve, s'il en fallait, que le Brésil n'est pas un pays sérieux. Le pape du « tropicalisme », le genre musical né au lendemain du coup d'État, donne pour la première fois un visage au portefeuille de la culture. De Porto Alegre à Belém, de Buenos Aires à Tokyo, tout le monde le connaît.

Son ministère n'en reste pas moins le parent pauvre du gouvernement. Gilberto Gil n'a jamais réussi à réaliser son rêve : porter l'enveloppe de la culture au symbolique niveau de 1 % du budget de l'État. Souvent absent, pour cause de concert, le chanteur tient cinq ans au gouvernement, avant de supplier Lula de lui rendre sa liberté en 2008. Il a alors soixante-cinq ans, et les médecins lui font comprendre que ses cordes vocales, trop sollicitées par les discours, sont à bout.

On lui doit la mise en place de quelques centres culturels dans les favelas, les communautés indigènes et les *quilombos*, où vivent encore les descendants des esclaves. Mais par sa seule présence, Gilberto Gil a souligné une évidence pour toute personne visitant le Brésil : la prédominance absolue de la musique, qui écrase les autres arts. Qu'elle soit issue des

Protéger l'immense patrimoine culturel

Brasília a décidé en 2002 de définir un patrimoine culturel immatériel considéré comme authentiquement national, dans un souci de préservation. C'est L'IPHAN (Institut du patrimoine historique et artistique national) qui s'en occupe, avec pour mission de publier un livre et de diffuser des documentaires sur les pratiques.

Le choix des quinze premières manifestations en dit long sur la prépondérance de la musique, de la danse et de la gastronomie dans la culture brésilienne : le premier bien culturel enregistré a été la *paneleira de barro*, la marmite de terre cuite au four dans les ateliers de poterie d'Espírito Santo. L'ustensile est traditionnellement façonné par des femmes, selon une technique de fabrication transmise de mères en filles. Dans la foulée, l'IPHAN a homologué le *queijo de minas*, un fromage blanc de l'État de Minas Gerais, et l'*acarajé*, un beignet typique de Bahia.

Côté musical, il a ordonné la protection de la *viola de cocha*, un instrument du Mato Grosso. Menacée d'extinction, cette petite guitare est découpée dans une seule pièce de bois massif, travaillée au couteau, tandis que les cordes sont fixées à une extrémité en racine de figuier. De la même façon, l'IPHAN a classé le *tambor de Crioula* de l'État du Maranhão.

Musiques et danses ont également pris place dans la liste : la *capoeira*, la samba de Rio de Janeiro, le *frevo* de Recife, et le *jongo* du Sud-Est, une danse introduite dans les plantations de café et de canne à sucre par les esclaves originaires du Congo.

La tradition indigène est honorée avec la reconnaissance en tant que patrimoine national de la chute d'eau d'Iauaretê dans l'État d'Amazonas, lieu sacré des Indiens des fleuves Uaupés et Papuri, et celle de la peinture des corps des Indiens Wajãpis, dans l'État d'Amapá. Enfin, certains rassemblements traditionnels ont droit à ce titre, comme la foire de Caruaru dans le Pernambuco et la célébration du Círio de Nazaré.

Cette dernière a lieu le deuxième dimanche d'octobre depuis 1793. Elle attire plus d'un million de personnes à Belém, au cœur de l'Amazonie, pour une procession aux abords du fleuve Amazone, en l'honneur de la Vierge de Nazaré. La légende veut qu'au début du XVIIIe siècle un habitant local ait trouvé une statue de la Vierge au bord de la rivière. Il l'a rapportée chez lui, l'a nettoyée et lui a improvisé un autel. Le lendemain, la statue était miraculeusement retournée à l'endroit de sa découverte.

communautés populaires (samba, *forró*, funk) ou élitiste et blanche (bossa-nova, MPB [musique populaire brésilienne]), la musique envahit la rue comme les scènes de sa vitalité, captant l'essentiel des sponsors, publics ou privés.

Elle est d'une richesse impressionnante, notamment du fait de son triple héritage : indien, africain et européen. Les régionalismes sont également très marqués. Inviter des *gauchos* du sud du pays à esquisser des pas de samba relève presque de l'insulte. Dans le Nordeste, le rythme le plus populaire est le *forró*, dont les instruments de base sont les percussions et l'accordéon. À Recife, c'est le *frevo*, qui se danse sur un rythme endiablé avec une ombrelle multicolore.

Samba, la renaissance

Il n'y a pas si longtemps, il ne faisait pas bon musarder dans le quartier de Lapa. Abandonné, il était devenu le repère d'une poignée de délinquants. Tout a changé à la fin des années 1990, quand un antiquaire décida d'accueillir dans son magasin des groupes de musique, dans l'espoir de faire revivre le mythique esprit bohème du quartier. Le Rio Scenarium était né.

Cette maison de trois étages construite dans le style colonial et meublée de façon baroque accueille touristes et *Cariocas* autour d'une scène où la samba est reine. Le succès a fait des émules. En quelques années, des dizaines de bars à musique ont fleuri autour des aqueducs qui font la marque du quartier. L'été, il est pratiquement impossible de circuler entre tous les groupes qui esquissent des pas de danse à l'intérieur des bars ou sur les trottoirs.

Ayant regagné son renom de « Montmartre *carioca* », Lapa est aujourd'hui la cible d'importants investissements pour remettre sur pied ses immeubles abandonnés. Bien qu'il accueille tous les styles musicaux, ce quartier symbolise la toute-puissance de la samba et du *choro carioca*, autre musique populaire, née de la volonté d'imiter les mélodies européennes (polka, valse), tout en incorporant des rythmes africains. Née au début du siècle, probablement dans le quartier de Saúde, qui accueillait les émigrés en provenance de Salvador, la samba a obtenu la reconnaissance des salons à partir de la Première Guerre mondiale. Mais c'est la radio, et la politique de Getúlio Vargas, soucieux de mettre en avant les arts populaires, qui lui ont donné toute sa résonance.

L'origine du mot « *sambu* » – de genre masculin en portugais – n'est pas clairement établie, même s'il dérive sans aucun doute d'une langue africaine véhiculée par les esclaves. Pour les ethnies en provenance d'Angola, le « *semba* » est une danse qui consiste à se frotter, nombril contre nombril. En umbundu, « *samba* » signifie « être animé, excité », alors que, dans les langues bantoues, « *samba* » veut dire « danser avec gaieté ».

Le rythme binaire et syncopé de la samba repose sur les instruments de percussion, notamment le *pandeiro*, un tambourin dont les cymbalettes sont inversées, la *viola*, une guitare à cinq cordes, et le *cavaquinho*, sorte de petite guitare à quatre cordes. Quant à la danse, elle est concentrée sur le mouvement des pieds – ce qui permet d'ailleurs aux troupes d'évoluer durant le carnaval en dépit des costumes très lourds. Chez les filles, le mouvement s'accompagne volontiers de généreux déhanchés.

Les grandes figures qui émergent dans les années 1930 sont Noel Rosa, Nelson Cavaquinho, Cartola, Dona Yvone Lara, Elton Medeiros, Guilherme de Brito, Nelson Sargento. Mais, alors qu'on dit la samba condamnée par le tropicalisme, elle renaît dans les années 1970, avec notamment Martinho da Vila, Clara Nunes, Beth Carvalho et Paulinho da Viola. Depuis, une nouvelle génération a pris le relais : Zeca Pagodinho, Almir Guineto, Tereza Cristina, entre autres.

Dans les soirées dansantes, le néophyte confond souvent la samba avec le *choro* ou la pagode. Cette dernière, plus romantique, représentée par Alexandre Pires, Fundo de Quintal ou Revelação, fait fureur parmi les classes plus populaires.

De la bossa-nova, revanche des élites blanches « cariocas », à la MPB

L'histoire commence dans des appartements d'Ipanema, l'une des plages chic de Rio de Janeiro. Cela fait des années qu'un groupe de musiciens s'essaye à gratter d'une autre façon, piochant dans la samba, le jazz, mais aussi Debussy, Ravel, Villa-Lobos pour inventer une musique basée sur la syncope.

En 1958, un jeune chanteur à la voix intimiste connaît un énorme succès en chuchotant *Chega de saudade*. Il s'appelle João Gilberto, et reprend le texte et la musique du duo Vinicius de Morães et Antonio Carlos Jobim, que tout le monde appelle Tom Jobim. La *bossa-nova*, littéralement « nouveau style », est née. Elle rompt avec la monotonie des chansons tournant systématiquement autour de la passion et la douleur de l'abandon, pour proposer une vision plus solaire de l'amour, tout en légèreté.

Au caractère profondément « latino » de chanteurs brésiliens tels que Carmen Miranda, elle oppose son essence cosmopolite, saluée par le succès qu'elle connaît à l'étranger. En 1962, le Carnegie Hall de New York réunit notamment Tom Jobim, João Gilberto, Sergio Mendes, Carlos Lyra et Luiz Bonfa. En 1963, le saxophoniste américain Stan Getz se joint au duo João et Astrud Gilberto, pour jouer *Garota de Ipanema*, un tube planétaire.

La beauté carioca est ici incarnée par une femme ostensiblement blanche, à la peau dorée par le soleil de la plage. À l'image des interprètes de la bossa-nova. Pour la première fois, de jeunes Blancs des quartiers aisés se réapproprient la musique, jusqu'alors le seul domaine (avec le sport) dans lequel la prédominance des Noirs et des métis était admise. Fêtée de New York à Paris, la bossa-nova symbolise, pour la classe moyenne blanche brésilienne, son introduction dans ce qu'elle appelle le « premier monde », celui des riches et des puissants. C'est aussi ce qui l'a condamnée : cinquante ans après sa naissance, la bossa-nova, toujours écoutée à l'étranger, est reléguée dans les cartons de l'histoire au Brésil, où elle se fond progressivement dans la musique populaire brésilienne.

Née après la bossa-nova, la musique populaire brésilienne, ou MPB, tente aussi de renouveler les rythmes traditionnels brésiliens, en y intégrant cette fois les apports du rock, du folk et de la pop, avec des textes très écrits. Musique de la classe moyenne, elle est, dès ses débuts, liée aux milieux intellectuels et à l'université.

On fixe généralement sa date de naissance en 1965, lorsque Elis Regina interprète la chanson *Arrastão*, composée par Vinicius de Moraes et Edu Lobo, lors d'un spectacle intitulé *Festival de música popular brasileira* retransmis par la télévision. Nous sommes dans les premières années de la dictature – le coup d'État a eu lieu en 1964 – et la MPB se veut un espace de liberté et de contestation sociale. Chico Buarque utilise sa poésie pour se moquer des censeurs, alors qu'un groupe de chanteurs, emmené par Gilberto Gil et Caetano Veloso, invente une variante psychédélique dite « *tropicalismo* ».

Grande période d'innovation musicale, les années 1960 voient émerger d'autres grandes interprètes : Gal Costa, Tom Zé, Maria Bethânia (la sœur de Caetano Veloso), Milton Nascimento, ou Tim Maia, qui donnera également dans le funk brésilien. La répression qui s'abat à partir de 1969 coûte cher à de nombreux artistes. Gilberto Gil et Caetano Veloso s'exilent, tout comme Geraldo Vandré, dont la chanson *Para não dizer que não falei de flores*, un appel à la lutte armée contre la junte militaire, a aussitôt été censurée.

Classées MPB, certaines voix penchent dès le début vers le rock. C'est le cas de la papesse Rita Lee, dont la chevelure rousse et le look excentrique ont traversé les quatre dernières décennies, et, plus récemment, de Lenine et Los Hermanos.

Alors que Chico Buarque séduit toujours par sa prestance, la nouvelle génération n'est pas en reste. La MPB est portée depuis les années 1990 par Marisa Monte, Carlinhos Brown, Adriana Calcanhotto, Maria Rita (la fille d'Elis Regina), et bien d'autres.

Bien que qualifiée de « populaire », la MPB est le plus souvent cantonnée à une classe moyenne aisée intellectuelle. Au Brésil, ce sont plutôt des figures telles que Roberto Carlos qui rassemblent des dizaines de milliers de personnes dans les concerts et vendent des millions de disques. À l'instar d'un Joe Dassin ou d'un Claude François en France, ils chantent l'amour, du coup de foudre à la déception, en passant par la conquête et les retrouvailles miraculeuses, sur des paroles que le public reprend en chœur.

C'est aussi sur ce registre que joue la musique dite « *brega* », qui inonde les radios. Des paroles simples, des mélodies entraînantes et des thèmes débordant de romantisme. Au point que les Brésiliens ont surnommé ce style « musique douleur de coude », en référence au chagrin que l'amoureux dépité va noyer, accoudé au bar. Parmi ses principaux interprètes, mentionnons Reginaldo Rossi, originaire du Pernambuco, Falcão qui ajoute une pointe d'humour, et Waldick Soriano. Tout aussi populaire, et inconnue hors des frontières, la *musica sertaneja* est une sorte de « country », issue des zones rurales mais qui a inondé les villes, en particulier dans l'intérieur du pays. Elle est chantée en duo, souvent par deux frères.

Les nouvelles musiques urbaines

Les préadolescentes de toutes les classes sociales rêvent d'avoir ses robes, ses seins, sa coupe de cheveux : Anitta est le nouveau phénomène du funk carioca qui prend avec elle une nouvelle tournure, en associant des accents de rhythm

& blues et de pop. Se déclarant féministe, elle met en avant le pouvoir des femmes dans ses textes, et ainsi gagne un nouveau public, au-delà des périphéries. C'est la énième transformation du genre.

Surgi à Rio de Janeiro dans les années 1970, autour de grandes réunions dansantes, le funk brésilien prend de l'ampleur dans les années 1980, avec la multiplication des radios FM. Sa cadence est rapide, influencée par le *Miami bass*, de Floride. Les paroles sont érotiques, voire carrément pornographiques. Il n'est pas question d'amour, mais d'acte sexuel; la danse accompagne des paroles qui servent rarement la femme.

Au cours des années, le funk se politise. Il raconte la précarité de l'existence des jeunes des périphéries, sans accès aux biens de consommation, confrontés au racisme, à la torture policière et à la violence quotidienne. Joué par des disc-jockeys au matériel précaire dans les premiers temps, le funk se danse d'abord dans les clubs des banlieues pauvres. À mesure que la qualité de la hi-fi s'améliore, le rythme gagne la rue et les places des favelas, ce sont les *bailes funk*.

Pour les bandes rivales du narcotrafic, ces rassemblements dansants offrent l'occasion de mesurer leur force, celle de leurs équipements musicaux et leur armement. Les jeunes caïds de la drogue n'hésitent pas à arriver torse nu, la chemise grande ouverte pour afficher le revolver accroché à la taille. Nous sommes dans les années 1990. Le funk commence à s'affirmer hors de Rio de Janeiro comme le porte-voix des marginaux, notamment avec DJ Marlboro, l'un des chefs de file.

Les références aux milieux aisés sont pleines de dégoût, comme dans ce succès de Gabriel O Pensador – lui-même issu de la classe moyenne –, « Portrait d'un play-boy (jeunesse perdue) », qui décrit les membres de la jeunesse dorée qui utilisent leur portefeuille pour humilier leurs domestiques et les employés issus des classes humbles. Le funk est même adopté par les gangs des prisons, tel le PCC, pour appeler à l'assassinat de policiers ou à celui de gangs ennemis.

Au début des années 2000, le funk intègre ainsi toutes ces dimensions. La revendication sociale qui dénonce le sort des périphéries, la connotation sexuelle (c'est la *putaria*) et les chansons faisant l'éloge des gangs de la drogue, dites « *prohibidões* ». C'est aujourd'hui la musique la plus représentative des favelas de Rio de Janeiro. La « ville merveilleuse » accueille chaque week-end environ quatre cents *bailes funk*.

À l'origine peu présent dans les circuits commerciaux formels, le funk s'est fait sa place à la radio, et passe de main en main *via* les CD pirates. Mais la danse reste fondamentale. Durant les *bailes funk*, les jeunes dansent en bande, les filles d'un côté, les garçons de l'autre, devant une scène sur laquelle se trouvent le DJ, le disc-jockey, et le MC, le chanteur. Le spectacle est partout : face aux chanteurs, le public met toute son énergie à montrer qu'il maîtrise les chorégraphies, voire à lancer de nouveaux mouvements.

La danse prend une telle importance qu'elle surpasse la musique. C'est ce qui s'est passé en 2008, avec le lancement du tube *Créu*, dont la chorégraphie met en scène une femme aux fesses énormes – elle y a gagné le surnom de « femme pastèque » – agitées de façon hypnotique au rythme du funk. Le chanteur a rapidement été oublié, alors que la « femme pastèque » fait la « une » des revues et se produit en solo.

Il faut enfin mentionner le rap brésilien, moins commercial car toujours très politique : Marcelo D2, Os Racionais à São Paulo ou MvBill dans la favela Cidade de Deus promeuvent des textes engagés et des initiatives politiques et culturelles « par et pour les favelas », festivals, radios, associations, etc.

L'incontournable « telenovela »

À la mort de sa mère Salua, Jade a dû quitter Rio de Janeiro pour s'installer au Maroc. L'adaptation est difficile. L'architecture et la musique sont dignes des Mille et une nuits, mais les mœurs sont moyenâgeuses. Jade se fera-t-elle à sa nouvelle existence, alors qu'elle vient de perdre Lucas, l'amour de sa vie ? La suite au prochain épisode.

En 2001, le Brésil tout entier se trouve, l'espace de quelques mois, plongé dans la société marocaine, revue et visitée par la Globo. Intitulée « Le clone », la *telenovela* imprègne tous les moments de la vie. On voit fleurir des cours de danse du ventre à tous les coins de rue, et au bar il est de bon ton de se lancer des « *inch'Allah* » à tout-va, comme les héros du petit écran.

La *telenovela*, ou *novela* comme on dit le plus souvent, est une religion. Il y a celle de 18 heures, celle de 19 heures et la « noble », à 21 heures, qui est aussi la plus coûteuse. À la différence des feuilletons américains ou européens, les *novelas* ont une durée de vie limitée : elles comptent de 140 à 180 épisodes, diffusés en six à neuf mois, tous les jours de la semaine sauf le dimanche. Amour, trahison, meurtres et cupidité, ces mélodrames puisent leurs trames dans la réalité quotidienne comme dans les grandes épopées historiques de Jorge Amado ou Machado de Assis.

Descendant du feuilleton radiophonique qui captivait les familles dans les années 1940 – les meilleures productions latino-américaines étaient cubaines et argentines –, la première *novela* télévisuelle est projetée à São Paulo en 1951. À l'époque, la télévision est encore un objet de luxe. Ce n'est qu'à partir des années 1960, avec la généralisation du petit écran dans les foyers, que la *telenovela* prend toute sa dimension. Dans un pays où le taux d'analphabétisme reste élevé et où les livres sont rares dans les foyers, les patrons de la télévision comprennent rapidement le potentiel de ce divertissement de masse. En 2011, 97,2% des Brésiliens avaient la télévision. Autrefois unique loisir, elle est toutefois peu à peu détrônée par l'ordinateur, présent dans 47% des foyers.

Plus que toute autre émission, la *telenovela* est le champ de bataille entre les chaînes. Dans les années 1970, la Globo s'installe en « numéro un » incontesté. La chaîne investit des fortunes pour s'attacher les meilleurs acteurs, musiciens, techniciens et décorateurs. Les vingt meilleurs scénaristes du pays sont courtisés pour être salariés, en échange d'idées régulières. Une façon de les empêcher de vendre leur talent à une chaîne concurrente.

En 1995, la Globo crée les plus grands studios d'Amérique latine à Jacarepaguá, dans la banlieue de Rio de Janeiro, sur un terrain de 1,65 million de mètres carrés, doté d'une usine électrique. Plus de 6000 personnes travaillent sur ce site, pour produire les trois *novelas* quotidiennes avec une excellente qualité technique qui gagne des adeptes au-delà des frontières. Au moins une cinquantaine de pays, la majorité en voie de développement, s'arrachent ce passe-temps brésilien, à la fois familier, du fait du mélange des races, et exotique.

Non sans ironie, la *novela* incarne sans doute l'espace le plus démocratique du pays. Elle séduit tous les Brésiliens, du Sud européen aux confins de l'Amazonie, en passant par le Nordeste africain ou le Far-West du Mato Grosso. Elle transcende les âges et les classes sociales. À 21 heures, grands-parents et petits-enfants, bourgeoises et femmes de ménage sont égaux devant le suspense. La *novela* est devenue un fait de société, conditionnant une grande partie de la culture et de la consommation. Les quotidiens les plus sérieux consacrent des pages à l'analyse des couples en scène et à la « chimie » de leur relation. Les annonceurs choisissent avec soin les messages qu'ils transmettront entre une scène de dispute amoureuse et celle des retrouvailles. Des années après la fin du feuilleton, des personnages continuent à marquer l'imaginaire.

Puissant véhicule de consommation, la *novela* met à la mode une robe, une voiture ou une coupe de cheveux, publicités à peine cachées que le canal vend au plus offrant. Son impact peut aussi être positif. Des épisodes tournant autour du don d'organes ont davantage sensibilisé la population que des années de campagne gouvernementale. Quelques jours après leur diffusion, les hôpitaux croulaient sous les propositions. La *novela* brise aussi plusieurs tabous. La diffusion, le 31 janvier 2014, du premier baiser entre deux hommes, lors du dernier épisode d'*Amor à vida*, a provoqué un énorme débat.

Il ne faut pourtant pas en conclure que les patrons de la télévision manipulent les esprits à leur guise. La relation entre la *novela* et le spectateur est avant tout interactive. Les chaînes mettent en place des comités de pilotage enregistrant la réaction du public. Si tel personnage destiné à disparaître au bout de quelques épisodes est sympathique au plus grand nombre, on s'arrange pour le maintenir. Au contraire, on tue celui qui catalyse l'agacement et la mauvaise humeur. Pour garantir cette flexibilité, la chaîne ne tourne qu'une quinzaine d'épisodes à l'avance, et n'hésite pas à en tourner plusieurs pour la fin, afin d'éviter les fuites dans la presse. Le dénouement, tel un secret d'État, doit tenir en haleine le public jusqu'à la dernière seconde.

Un nouveau goût pour la lecture

Longtemps parent pauvre de la culture locale, la lecture commence à prendre des couleurs. En 2012, les Brésiliens ont lu quatre livres en moyenne, même s'ils confessent n'en avoir fini que deux. Une lente progression qui s'explique par la réduction du prix des livres – moins 40 % entre 2004 et 2013 –, autrefois un luxe, et le niveau croissant d'éducation.

Devenu le neuvième marché éditorial du monde, accueillant des foires littéraires au public toujours plus jeune et avide, le géant latino-américain sort de la léthargie héritée de son histoire, malgré le faible nombre de librairies et de bibliothèques.

Colonie du Portugal, le Brésil n'a eu droit à aucune autonomie culturelle par rapport à la métropole. Avec la fermeture des collèges jésuites, à la fin du XVIIIe siècle, l'offre d'éducation s'est trouvée réduite aux cinquante-cinq professeurs envoyés par Lisbonne, incapables de faire face à la demande.

Contrairement à l'Espagne, qui forme une élite locale en édifiant, dès le début du XVIe siècle, plus de vingt universités dans ses colonies américaines, l'Empire portugais empêche tout développement intellectuel au Brésil. Seule une élite, constituée de quelques centaines d'étudiants, a la possibilité d'être formée à Coimbra. Ils sont 350 diplômés entre 1772 et 1808, rien de comparable avec les 8000 bacheliers et 470 docteurs qui sortent, à la même époque, de l'université de Mexico. Quant à ceux qui aspirent à devenir médecins, ils doivent s'exiler à Montpellier.

Cette volonté de maintenir le Brésil sous sa coupe motive aussi l'interdiction d'imprimer des livres et des journaux sur son territoire. Cette dernière n'est levée qu'en 1808, quand l'empereur portugais est contraint de s'installer à Rio de Janeiro pour fuir les guerres napoléoniennes. Simultanément, il décrète la libéralisation du commerce et l'ouverture des ports. Les premières publications du pays voient alors le jour : c'est le *Correio Braziliense*, édité et distribué à partir de Londres, et la *Gazeta do Rio de Janeiro* qui se contente de publier les décrets de la Cour et de couvrir les activités de la famille royale exilée au Brésil.

Ce n'est qu'en 1821 qu'apparaissent de véritables journaux, liés aux libéraux et aux francs-maçons. À la veille du XXe siècle, la presse brésilienne commence à prendre une structure entrepreneuriale, avec l'émergence de grands titres dans les capitales. Du fait des dimensions continentales du pays, comme aux États-Unis, aucun journal n'a toutefois d'importance nationale. Les deux principaux quotidiens de São Paulo (*Estado* et *Folha*) et le plus important de Rio de Janeiro (*Globo*) sont considérés, dans le monde politique et journalistique, comme des journaux de référence nationale, du fait de leur influence et de leur qualité éditoriale. Leur diffusion ne dépasse pas 300 000 exemplaires chacun, un nombre infime à l'aune des 201 millions d'habitants.

Peu puissante, la presse est aussi très concentrée. Les États de São Paulo, Rio de Janeiro et Rio Grande do Sul réunissent à eux trois près de la moitié des quelque 500 quotidiens. Les journaux populaires comme *O Dia* ou *Extra* ont le vent en poupe, démontrant que la désaffection des lecteurs s'explique moins par le bas niveau d'instruction que par le manque de crédibilité de la « grande presse », dont les objectifs sont avant tout politiques.

Longtemps étouffé, le marché éditorial a tardé à voir le jour. La majorité des Brésiliens cessent de lire dès qu'ils quittent l'école. Un gâchis quand on se rappelle que la bibliothèque nationale de Rio, héritage de l'empire, est la huitième du monde. En 2006, une enquête nationale a établi une liste des dix livres jugés les plus importants par la population.

La Bible, champion toutes catégories, rappelle que la lecture de livres religieux est en plein développement, tout comme ceux d'*auto-ajuda* (« s'aider soi-même »), pour faire face aux difficultés de la vie, qu'elles soient financières, familiales, amoureuses ou identitaires. Une grosse moitié du classement est occupée par des livres pour enfants, de *Harry Potter* aux *Trois Petits Cochons*, en passant par *Blanche-Neige* et *Le Petit Chaperon rouge*. En clair, dès que la lecture n'est plus imposée par un professeur ou facilitée par l'accès à la bibliothèque de l'école, elle cesse d'être un loisir.

Les libraires affichent leur optimisme, constatant qu'ils n'ont jamais vendu autant de livres. Les éditeurs suivent : en 2010, quelque 55 000 titres ont été publiés, sur papier ou sous forme d'ebooks.

Une littérature marquée par l'exploration et la quête d'identité

L'écriture est fine et serrée, l'expression, respectueuse et précise. Le 1er mai 1500, Pero Vaz de Caminha, secrétaire de la flotte de Pedro Álvares Cabral, met un point final à sa lettre au roi Manuel. Il y raconte ses impressions en abordant cette terre qui sera plus tard appelée « Brésil », et le premier contact avec ses habitants. Pour échanger, ils sont réduits au mime, laissant libre cours, de part et d'autre, à toutes les interprétations, et aux malentendus qui marqueront l'histoire, comme le souligne ce passage : « L'un d'eux vit les grains blancs d'un chapelet, il demanda par un geste qu'on le lui donnât, s'en amusa fort, le mit à son cou, et puis l'ôta et en entoura son bras : et il désignait la terre et puis les perles et le collier du commandant, semblant dire qu'ils donneraient de l'or en échange. C'est là ce que nous comprenions car tel était notre désir. »

Restée inédite durant deux siècles, enfouie dans les archives de la tour du Tombo, à Lisbonne, la lettre est découverte à la fin du XVIIIe siècle. Premier document écrit de l'histoire du Brésil, cette missive de vingt-sept pages est considérée comme le point de départ de la littérature brésilienne. Les journaux de voyage vont d'ailleurs marquer les deux premiers siècles de l'histoire brésilienne, qu'ils soient le fait de colons, de missionnaires portugais ou de grands voyageurs. Cinquante ans après la découverte du pays, c'est au tour du Français Jean de Léry de se prêter à l'exercice. Plongé dans le monde indigène, il est l'un des premiers auteurs à donner naissance au mythe du bon sauvage à travers son *Histoire d'un voyage faict en la terre du Brésil*, publiée à la fin du XVIe siècle.

Mais c'est avec l'indépendance et l'ère romantique que la littérature prend son envol. Imprégnées de nationalisme, les œuvres revendiquent l'origine indigène du pays, contre le colon, et tentent de se démarquer avec une langue propre, en « brésilianisant » le portugais. C'est le cas du poète Antonio Gonçalves Dias (1823-1864), dont le poème *Chanson de l'exil* a eu un tel impact sur la société que l'hymne national lui emprunte quelques vers.

On retrouve cet élan dans les romans de José de Alencar (1829-1877), notamment dans O *Guarani*, et dans *Iracema*, dont le titre, une anagramme d'America, signifie « lèvres de miel ». Ce roman-poème en prose raconte l'amour entre Martim, guerrier portugais chrétien, et Iracema, une vierge indienne gardienne de temple.

Il faut également citer le grand Joaquim Maria Machado de Assis (1839-1908). En 2008, les célébrations organisées dans le monde entier pour commémorer le centenaire de sa mort témoignent de son importance dans la littérature latino-américaine. Une reconnaissance tardive qui aurait fait sourire l'auteur des *Mémoires posthumes de Brás Cubas*, dans lesquels un philosophe aristocrate décadent revient, depuis sa tombe, sur les échecs de sa vie, avec une ironie mordante.

Traducteur de Shakespeare et de Victor Hugo, Machado de Assis cultive l'humour et la parabole existentielle, comme dans *L'Aliéniste*, qui raconte comment le docteur Bacamarte décide d'enfermer dans une « Bastille de la raison humaine » tous les fous de la ville. Bientôt, toute la ville s'y retrouve enfermée. C'est la révolte. Le médecin décide alors de libérer tous les fous et d'enfermer les personnes possédant de hautes qualités morales. Un livre qui fait de Machado, pour beaucoup de spécialistes, un prédécesseur de Kafka.

Au tournant du XXe siècle, la grande figure du modernisme est Mário de Andrade (1893-1945), dont le héros, dit « sans caractère », dans le roman-épopée *Macunaima*, à la fois Indien, Blanc et Noir, né en Amazonie, part à la conquête de la ville. Le livre exalte le métissage du peuple brésilien, témoignage de l'idéologie en vogue, dans une langue novatrice qui s'amuse à intégrer des mots du vocabulaire indigène tupi. Il a été porté à l'écran par Joaquim Pedro de Andrade en 1969, en pleine dictature militaire.

Le poète Oswald de Andrade (1890-1954) est une autre figure du mouvement moderniste. Auteur, en 1928, du *Manifeste anthropophage*, il considère que la grande force de la culture brésilienne est de cannibaliser les autres civilisations. Son slogan, « *Tupi or not Tupi, that is the question* », symbolise à la fois la célébration de la culture des Indiens Tupis (accusés de cannibalisme) et la capacité de la littérature brésilienne à digérer Shakespeare. Contemporain, Carlos Drummond de Andrade (1902-1987) révolutionne la poésie par son vers libre, aux côtés du poète Manuel Bandeira (1886-1968).

Au cours du XXe siècle, c'est moins l'identité de la nation brésilienne que celle des régions qui marque la littérature, avec un ancrage politique croissant. Il faut évidemment citer Jorge Amado (1912-2001), romancier à l'œuvre prolifique, dont les ouvrages sont autant d'odes à sa terre natale, Bahia, et aux luttes sociales qui la secouent : *Bahia de tous les saints*, *Capitaines des sables*. Ses personnages féminins, en particulier les héroïnes de *Dona Flor et ses deux maris* et de *Gabriela*, figurent en bonne place dans l'imaginaire brésilien, ces romans ayant été adaptés au cinéma et à la télévision. Emprisonné, contraint à s'exiler à plusieurs reprises, Jorge Amado est aussi l'auteur d'une biographie du leader communiste Luis Carlos Prestes, *Le Chevalier de l'espérance*.

À la même époque, le conteur Erico Vérissimo (1905-1975) consacre l'essentiel de son œuvre au Rio Grande do Sul, à l'autre extrémité du Brésil, notamment dans sa trilogie intitulée *Le Temps et le Vent*. L'Amazonie et ses habitants trouvent vie dans les œuvres récentes de Milton Hatoum (né en 1952), un écrivain d'origine libanaise, notamment dans *Deux frères*. João Ubaldo Ribeiro (né en 1941) tente de faire la synthèse de la saga brésilienne, en donnant vie aux masses brésiliennes et à l'opposition entre les classes sociales avec *Vive le peuple brésilien*, publié en 1984. Pour revisiter des pans entiers de l'histoire brésilienne, il faut se plonger dans les biographies de Fernando Morais (né en 1946), qui, à l'instar d'un Jean Lacouture, mêle journalisme et littérature.

Impossible d'oublier João Guimarães Rosa (1908-1967), dont le grand roman épique, *Grande Sertão : veredas* (publié en 1956 et paru en français sous le titre *Diadorim*) bouleverse la langue portugaise en mêlant termes érudits, régionalismes, néologismes et archaïsmes. Son rôle dans la prose brésilienne fut si important qu'on le qualifia de *revolução rosiana*, (« révolution rosienne »).

Le roman noir n'est pas absent du paysage littéraire. Son maître, Rubem Fonseca (né en 1925), avocat de formation, inscrit ses fictions dans l'actualité politique brésilienne. Son chef-d'œuvre, *Agosto*, raconte un assassinat, puis un suicide, dans un style haletant, mettant en scène un personnage de choix : Getúlio Vargas, le très controversé « père de la patrie », qui a dominé la scène politique de 1930 à 1954.

Ce tour d'horizon trop succinct ne saurait être conclu sans évoquer l'importante littérature de *cordel*. Née d'une tradition orale, déclamée par des troubadours sur les places des villages, dans le Nordeste, elle s'est coulée dans le moule de l'imprimerie populaire, pour donner de minuscules livres au papier bon marché, vendus pour la modique somme d'un real. Inspirés de récits merveilleux (histoires de fées et de dragons), de grandes histoires d'amour ou par l'actualité, cette poésie narrative est ancrée dans sa région d'origine. On peut emporter le petit livre ou choisir d'écouter un musicien le déclamer, sur la place, à proximité du marché.

Bousculée par l'arrivée de la télévision, la littérature de *cordel* a perdu du terrain avec la disparition de nombreuses imprimeries. Mais elle s'immisce sur d'autres terrains d'expression, comme le cinéma. Ainsi Glauber Rocha en a-t-il fait le fil conducteur de sa narration dans le film *Le Dieu noir et le Diable blond*, en 1963. Dans le Nordeste, la politique reste intimement liée au genre. Après Getúlio Vargas il y a plus de

Paulo Coelho, le « mage » aux 100 millions de livres

De Paris à Pékin, de Buenos Aires à Milan, la publication d'un nouveau Paulo Coelho est un tremblement de terre dans le monde de l'édition. Depuis la sortie de *L'Alchimiste* en 1988, celui qui est devenu l'écrivain brésilien le plus connu au monde a vendu la bagatelle de 100 millions de livres. « Et encore, sans compter toutes les copies pirates », s'amuse-t-il à relever.

Au Brésil, ceux qui l'adulent l'appellent le « mage », ceux qui estiment que sa production n'a rien à voir avec la littérature, le « *picareta* » (« bandit usurpateur »). Tous pourtant ne peuvent que constater le magnétisme qu'exerce l'auteur toujours vêtu de noir.

Né à Rio de Janeiro en 1947, Paulo Coelho se fait d'abord connaître comme parolier de chansons, notamment du rockeur brésilien Raul Seixas, avant de tout quitter en 1981 pour parcourir le monde avec sa quatrième épouse. Il parfait sa transformation en s'astreignant à effectuer le pèlerinage de Saint-Jacques de Compostelle, une expérience qui sera à l'origine de son premier succès, en 1987, *Le Pèlerin de Compostelle.* Paulo Coelho pense alors avoir trouvé ce qu'il appelle sa « légende personnelle », c'est-à-dire son destin, l'écriture.

Un an plus tard, il publie *L'Alchimiste,* qui concentre déjà les thèmes récurrents de son œuvre : lutte entre le bien et le mal, présence du divin en chaque personne, rites d'initiation, décryptage des signes, force de l'amour transcendant, signification des épreuves de la vie... Sa traduction en France, en 1994, lui ouvre les portes du marché éditorial international. Depuis, c'est l'explosion.

Raillé par la critique, qui voit dans ses livres la revitalisation de poncifs spiritualistes au parfum orientaliste, Paulo Coelho est traduit dans plus de soixante pays. Milliardaire, il se prête de bonne grâce aux exigences du marketing. Il reçoit les journalistes chez lui et pose pour les photographes en tirant à l'arc d'un bout à l'autre de son appartement parisien. Au Brésil, les bonnes feuilles de son dernier ouvrage sont publiées par *Caras*, le magazine des célébrités. En 2008, l'écrivain Fernando Morais, auteur reconnu de biographies, lui a consacré un ouvrage intitulé *Paulo Coelho, le mage.*

cinquante ans, les petits livrets exaltent aujourd'hui la vie de Lula, comme en témoigne le titre de *La Saga de l'ouvrier tourneur qui s'est transformé en président.*

Petit tour du Brésil gastronomique

Étouffée par la renommée du football, de la samba et du carnaval, la gastronomie brésilienne a bien du mal à se frayer un chemin au-delà des frontières. Mêlant ingrédients et traditions africains, européens et indigènes, elle vaut pourtant le détour. Dans ce pays aux dimensions continentales, chaque région a développé ses propres plats, en fonction de sa culture indigène, du groupe européen qui l'a colonisée, de la proximité des cours d'eau ou de l'océan. Deux ingrédients pourtant, le haricot, le *feijão* (rouge ou noir, selon les régions), et le riz, ont conquis tout le pays.

C'est la base du plat national, la *feijoada*, sorte de cassoulet qui incorpore également les morceaux peu nobles du porc (oreilles, pieds, etc.). Servie le mercredi et le samedi, la *feijoada* se prête aux rassemblements familiaux, d'autant qu'elle est peu coûteuse. On la sert avec du chou brésilien, le *couve*, des quartiers d'orange et de la *farofa*, la farine de manioc, tout en buvant de la *caipirinha*, un cocktail à base de *cachaça*, l'alcool national, de citron vert et de sucre de canne. La légende veut que le plat provienne des cabanes des esclaves, qui faisaient mijoter pendant des heures les restes de viande concédés par les maîtres, avec des haricots.

Les autres plats se déclinent selon la région.

Le Sud, région des *gauchos* à la tête de troupeaux de centaines de bêtes, se caractérise par l'importance de la viande, qui n'a rien à envier à l'Argentine. Elle est servie grillée. C'est le *churrasco*, une véritable institution. La viande est disposée le long de broches posées à la verticale à proximité du feu. Des *churrascarias* se trouvent néanmoins dans tout le pays, où la viande est en général servie à volonté, au forfait. Dans la partie la plus étroite du pays, les États méridionaux (Rio Grande do Sul, Santa Catarina et Paraná) sont aussi marqués par l'influence du littoral. Leur cuisine fait donc une large place aux fruits de mer et aux poissons, en particulier la *tainha*. À l'apéritif, les *gauchos* adorent grignoter le *pinhão*, un fruit issu du pin cuisiné à la braise, à la manière des marrons.

Un peu plus au nord, dans l'État de São Paulo, la cuisine garde des accents rustiques hérités des *bandeirantes*, ces groupes d'explorateurs qui prenaient l'habitude de se déplacer le moins chargé possible en mangeant ce qu'ils trouvaient à l'intérieur des terres. Au centre, on trouve donc le fameux *feijão*, mais aussi le manioc et le maïs. Mais comme l'État paulista est aussi l'une des principales terres d'accueil des immigrés, on y mange de l'excellente cuisine italienne, arabe, japonaise ou portugaise. Ce caractère cosmopolite, conjugué aux moyens financiers de ses habitants, concentre à São Paulo les restaurants les plus réputés du Brésil. Et comme tout va très vite dans la métropole, c'est ici que sont nés les meilleurs sandwichs, notamment le légendaire *bauru*, composé de rosbif, de fromage fondu, de tomate et d'origan.

À Rio de Janeiro, toujours plus au nord, la *feijoada* est reine, tout comme la cuisine portugaise. Délicieusement décadente, la ville a su garder les vieux établissements portugais où les garçons travaillent depuis trente ans, que la frénésie de São Paulo a chassés. On y mange de la morue sous toutes les formes ou de la viande, avec des spécialités locales, tel le filet « à Oswaldo Aranha ». Cet ancien ministre des Affaires étrangères adorait recouvrir la pièce de viande d'ail frit ; la recette est restée dans les annales.

Mais plus que cuisiner à la maison ou aller au restaurant, les *Cariocas* aiment grignoter à longueur de soirée des *petiscos*, sorte d'amuse-gueule améliorés, dans des bars appelés « *botecos* », à mesure que les chopes de bière se succèdent. Difficile d'imaginer la diversité et la finesse des *petiscos*. Un concours est même organisé tous les ans. Ils empruntent à toutes les vagues d'immigration, en ajoutant une touche bien locale.

Il y a l'incontournable *bolinho de bacalhau*, petite boulette à base de morue, venue du Portugal, la *carne seca* du Nordeste, viande séchée, effilochée, servie avec des frites de manioc, le *caldinho de feijão,* bouillon de haricot, qui réchauffe les soirs d'hiver, la *calabresa,* saucisse de porc piquante découpée en rondelles, les *pasteis* fourrés au fromage ou à la viande, ou les *empadas,* tartelettes aux crevettes, aux cœurs de palmier ou au poulet, entre autres variations.

Dans le Sud-Est, c'est toutefois la cuisine du Minas Gerais qui tire son épingle du jeu, considérée par ses habitants comme la meilleure du pays. Les produits laitiers ont une place importante sur la table *mineira,* en particulier à travers les fromages *queijo minas,* le *doce de leite* ou *de abobora,* confiture de lait ou de potiron, et le *pão de queijo,* petit pain à base de fromage, grignoté à tout moment de la journée. Cette gastronomie met aussi le porc à l'honneur, avec le *feijão-tropeiro,* plat à base de saucisse de porc, ou le *tutu à mineira,* à base de lard.

L'influence indienne est bien sûr plus sensible dans les États du Nord amazonien (Acre, Amazonas, Amapá, Pará, Rondônia, Roraima et Tocantins). La richesse des fleuves fait du poisson d'eau douce le centre de la gastronomie, le plus délicatement préparé dans l'État du Pará. Inutile d'essayer de trouver des équivalents en Europe. Les poissons aux noms exotiques sont exclusivement locaux, tels le *picarucu* ou le *tucunaré.* Les piranhas sont également cuisinés ! Autre plat typique du Pará, le *pato no tucupi,* canard au *tucupi,* un liquide jaune extrait du manioc local, accompagné de *jambu,* une herbe régionale aux vertus anesthésiantes.

Enfin, dernière grande région culinaire, le Nordeste, en particulier Bahia. Avec plus de neuf cents kilomètres de côtes, cet État place les fruits de mer au cœur de sa cuisine. Les plats sont souvent très épicés, du fait de l'influence africaine, et leur préparation est empreinte de religiosité. Les mets ne sont pas seulement destinés aux proches, ils sont aussi offerts aux dieux du candomblé. Tout comme le manioc ou la noix de coco. L'huile de palme, le *dendê,* est un ingrédient de base, parfois mal supporté par les estomacs novices. Parmi les plats incontournables, citons l'*acarajé,* un beignet de haricot et de crevettes, la *moqueca,* le *bobó de camarão,* un velouté de crevettes, la *casquinha de siri,* du crabe, le *sarapatel,* à base de tripes de porc, etc. La liste est longue.

Au dessert, les Brésiliens raffolent du *quindim,* un flan aux œufs bien compact, du *manjar de coco,* sorte de blanc-manger, du *cuzcuz de coco,* un gâteau à base de noix de coco, de crêpes de tapioca, et de toutes les déclinaisons de fruits exotiques : mousses et tartes à base de mangue, papaye, ananas, fruit de la passion, et d'avocat qui, ici, se mange accompagné de sucre. On choisit parfois le mélange salé-sucré pour terminer, en dégustant, côte à côte, le fromage *queijo minas* et une crème de goyave. L'ensemble est appelé « Roméo et Juliette ».

Les fruits jouent un rôle fondamental dans les boissons. On boit des jus de toutes sortes à longueur de journée. Rio de Janeiro regorge de bars à jus. Tous les mélanges sont permis (ananas-orange, mangue-fruit de la passion, etc.), avec une prédilection pour les fruits réputés « énergétiques ».

Ainsi la pulpe de l'*açai,* un fruit du Nord, est-elle la base d'un jus qui se consomme tellement froid qu'il est à la limite du sorbet. Il est fameux pour sa concentration exceptionnelle de calcium. L'*acerola,* dite aussi « cerise des Antilles » est également un fruit tropical au goût acidulé, avec une teneur élevée de vitamine C. Autre arbuste typiquement brésilien, le *guaraná* est la plante connue contenant le plus haut taux de caféine au monde. C'est l'un des ingrédients des jus appelés *bomba* ou *super-poder,* censés redonner la forme en cas de fatigue ou aider à gagner de la masse musculaire. Il a aussi donné son nom à un soda très populaire, sucré et de couleur ambrée.

À l'heure de l'apéritif, les fruits s'invitent aussi dans les *batidas,* mélangés à du sucre et à de l'alcool, le plus souvent la *cachaça,* la boisson nationale. Cette eau-de-vie résulte de la distillation de la canne à sucre. C'est l'ingrédient de base de

La « moqueca » de Bahia

La *moqueca* de poisson est typique de la région de Bahia. On la sert dans des plats en terre, dans lesquels elle est directement cuisinée. Le terme de « *moqueca* » est dérivé de la langue tupi : les Indiens nommaient « *pokeka* » la façon de cuisiner le poisson enveloppé dans des feuilles de bananier, enterrées dans les cendres. Nous décrivons ci-dessous la variante avec du poisson, mais la *moqueca* se prépare aussi bien avec des crevettes, calamars, crabes ou poulpe.

Ingrédients pour quatre personnes

- 1 kg de poisson blanc à chair ferme de type julienne, en filet épais
- 1 citron
- 3 cuillerées à soupe de persil haché
- 1 oignon
- 2 poivrons verts
- 5 tomates pelées et épépinées
- 1 cuillerée à soupe de noix de cajou moulue
- 1 cuillerée à café de sauce au piment (type Tabasco)
- 6 cuillerées à soupe d'huile d'olive
- 20 cl de lait de coco
- Sel et poivre

1. Lavez le poisson. Dans un saladier, assaisonnez-le avec le jus du citron, 1 cuillère à soupe de sel et le persil haché. Laissez mariner pendant 30 minutes.
2. Dans une cocotte, faites blondir l'oignon dans l'huile d'olive 3 à 4 minutes à feu doux. Ajoutez les poivrons coupés en fines lamelles et faites revenir encore 2 à 3 minutes. Déposez les filets de poisson avec leur marinade sur les poivrons et les oignons; couvrez avec les tomates écrasées grossièrement à la fourchette et la sauce au piment.
3. Portez à ébullition et laissez cuire 5 minutes à feu vif. Réduisez à feu doux, couvrez la cocotte et laissez mijoter 15 minutes. Ouvrez et saupoudrez de noix de cajou; mélangez délicatement à l'aide d'une écumoire. Rectifiez l'assaisonnement en goûtant.
4. Arrosez de lait de coco. Chauffez à feu moyen et laissez encore bouillir 10 minutes.

Servez aussitôt, accompagné de riz blanc.

la *caipirinha*, le plus fameux cocktail du pays. Produite dans tout le Brésil, c'est toutefois dans le Minas Gerais que, sous sa forme artisanale, elle rivalise avec les meilleurs digestifs, en particulier dans la région de Salinas, où sont notamment produites la *cachaça Salinas* et *Lua nova*, parmi des centaines d'autres.

Le vin, s'il commence à être présent sur la table brésilienne, reste marginal. Sa production, très faible, est cantonnée au sud – même si, depuis quelque temps, l'on fait du bon vin dans la vallée du fleuve São Francisco – du fait des températures. Excessivement cher car souvent importé, il est hors de portée de la majorité de la population. À table et pour accompagner les *petiscos*, on lui préfère la bière, servie « stupidement » froide, comme on dit ici. La chope arrive transpirante – le verre est maintenu au réfrigérateur – à une température légèrement inférieure à zéro. La fraîcheur de la bouteille est maintenue grâce à un astucieux système de plastique isolant. Amateurs de bière, les Brésiliens en sont devenus de gros producteurs : depuis qu'il s'est associé aux grandes brasseries belges, le groupe AmBev est devenu le « numéro un » mondial.

La gastronomie est à l'image du pays, puissante, généreuse, mais éparpillée. Une saveur, le nom d'un plat, une présentation, et l'on a, l'espace d'une seconde, la sensation de retrouver ses marques, une réminiscence européenne, une impression de déjà-vu. Mais cela ne dure pas. Le Brésil bouscule et désarçonne. Pour y entrer de plain-pied, il faut faire un effort. Il est alors trop tard pour faire marche arrière. Au contraire des pays voisins qui s'offrent sans attaquer, sans remettre en cause l'identité du voyageur, le Brésil avale et absorbe tous ceux qui s'y attardent. Ce n'est pas par hasard que l'art, sous toutes ses formes, a revendiqué l'appellation de « cannibale ». On vous aura prévenu...

Repères chronologiques

7 juin 1494. Le traité de Tordesillas établit le partage du Nouveau Monde entre l'Espagne et le Portugal.

22 avril 1500. Pedro Álvares Cabral, gentilhomme à la Cour de Dom Manuel, accoste au Brésil.

1538. Arrivée des premiers esclaves africains.

1549. Tomé de Sousa devient le premier gouverneur du Brésil. Fondation de Salvador, première capitale.

1554. Le père Manuel da Nobrega fonde le collège de São Paulo.

1555. Le Français Nicolas de Villegagnon s'installe dans la baie de Guanabara pour donner le jour à la « France antarctique ». La colonie est défaite cinq ans plus tard.

1570. Un décret royal garantit la liberté des Indiens. Il n'est pas respecté.

1612. Le Français Daniel de la Ravardière fonde la ville de São Luis de Maranhão, cœur de la « France équinoxiale ». L'expérience prend fin en 1615.

1624. Attirés par la richesse sucrière, les Hollandais prennent possession des côtes.

1654. Expulsion des Hollandais, suite à la bataille de Guararapes, qui fonde le nationalisme brésilien.

1690. Découverte des premiers gisements d'or.

20 novembre 1695. Mort de Zumbi, roi du *quilombo* de Palmares.

1759. Expulsion des Jésuites.

1763. Rio de Janeiro devient la capitale du pays.

1775. Abolition de l'esclavage indien.

21 avril 1792. Exécution de José da Silva Xavier dit « Tiradentes », à la tête d'un mouvement indépendantiste.

1807. Napoléon envahit le Portugal.

1808. La Cour portugaise s'installe à Rio de Janeiro. Les ports du Brésil sont ouverts au commerce avec le reste du monde.

16 décembre 1815. Proclamation du Royaume-Uni du Portugal, du Brésil et des Algarves, élevant le Brésil au rang de royaume, à l'égal du Portugal.

7 septembre 1822. Proclamation de l'indépendance par le prince régent, qui devient Pedro Ier.

1824. Première Constitution. Début de la colonisation allemande dans le sud du Brésil.

7 avril 1831. Pedro Ier abdique et abandonne l'empire à son fils de cinq ans.

1865. Formation de la Triple Alliance (Argentine, Brésil, Uruguay) contre le Paraguay.

1871. Promulgation de la loi du « ventre libre ».

13 mai 1888. Le Parlement vote l'abolition totale et immédiate de l'esclavage, sans compensation.

15 novembre 1889. Proclamation de la république.

Octobre 1897. Destruction par l'armée de la communauté rurale de Canudos.

1908. Début de l'immigration japonaise.

1917. Déclaration de guerre à l'Allemagne.

Octobre 1924. Luis Carlos Prestes forme une colonne qui va parcourir 25 000 km pour tenter de soulever les populations contre la Vieille République.

4 OCTOBRE 1930. Getúlio Vargas est porté au pouvoir par un soulèvement armé né dans le Rio Grande do Sul.

1932. Le droit de vote est accordé aux femmes.

10 NOVEMBRE 1937. Getúlio Vargas impose la dictature de l'*Estado Novo*, dotée d'une nouvelle Constitution.

22 AOÛT 1942. Le Brésil déclare la guerre à l'Allemagne et à l'Italie.

30 OCTOBRE 1945. Getúlio Vargas est déposé par les militaires.

1950. Getúlio Vargas est élu président de la République.

1953. Création de la compagnie pétrolière nationale Petrobras.

24 AOÛT 1954. Getúlio Vargas se suicide.

1955. Juscelino Kubitschek est élu président.

29 JUIN 1958. Le Brésil remporte sa première Coupe du monde de football en Suède.

1960. Inauguration de Brasília, nouvelle capitale.

31 MARS 1964. Coup d'État militaire. Le général Humberto Castelo Branco est désigné président de la République.

13 DÉCEMBRE 1968. Action institutionnelle n° 5 qui suspend toute activité politique, les droits fondamentaux et les garanties constitutionnelles.

1969. L'ambassadeur américain au Brésil Charles Elbrick est séquestré par des militants de gauche, qui l'échangent contre des prisonniers politiques de la dictature.

OCTOBRE 1975. Mort en prison du journaliste Wladimir Herzog. Les militaires tentent de faire croire à un suicide.

1978. Premières grandes grèves de la banlieue de São Paulo. Luiz Inácio Lula da Silva est à leur tête.

10 FÉVRIER 1980. Fondation du Parti des travailleurs (PT), à São Paulo.

1983. Fondation de la Centrale unique des travailleurs (CUT).

1984. Le mouvement des *Diretas já!* exige l'organisation d'élections libres et directes. Il échoue, mais c'est la fin de la dictature.

JANVIER 1984. Fondation du Mouvement des travailleurs ruraux sans terre (MST).

JANVIER 1985. Élection de Tancredo Neves, qui meurt le 21 avril avant de prendre ses fonctions. Le vice-président José Sarney le remplace.

5 OCTOBRE 1988. Instauration d'une nouvelle Constitution démocratique.

22 DÉCEMBRE 1988. Assassinat du militant de l'environnement Chico Mendes.

1989. Élection de Fernando Collor de Melo contre Lula, au suffrage universel direct.

1991. Fondation du Mercosur (Marché commun du sud de l'Amérique).

SEPTEMBRE 1992. Destitution de Fernando Collor de Melo suite à un scandale de corruption.

1994. Lancement du plan real.

1994. Élection de Fernando Henrique Cardoso.

1998. Réélection de Cardoso, dès le premier tour.

JANVIER 2001. Premier Forum social mondial à Porto Alegre.

27 OCTOBRE 2002. Élection de Lula avec 60 % des suffrages.

1er JANVIER 2003. Une marée humaine envahit Brasília à l'occasion de l'investiture de Lula.

2004. Lancement de l'allocation sociale *Bolsa familia*, versée à 11 millions de foyers.

2005. Un scandale de financement illégal de campagne électorale fragilise le gouvernement

2006. Le Brésil est devenu autosuffisant en pétrole.

Octobre 2006. Réélection de Lula avec 60 % des suffrages exprimés.

2007. Pour la première fois de l'histoire du Brésil, plus de la moitié de la population active fait partie de la classe moyenne.

Novembre 2007. Découverte de gigantesques gisements de pétrole offshore propulsant le Brésil parmi les premiers détenteurs de réserves d'or noir au monde.

Novembre 2008. Installation de la première Unité de police pacificatrice (UPP) dans une favela de Rio de Janeiro, annonçant le début d'une nouvelle politique de sécurité.

Octobre 2010. Élection de Dilma Rousseff, première femme à la présidence du Brésil, avec 56 % des suffrages exprimés.

Mai 2012. Mise en place pour la première fois d'une commission de la vérité chargée de faire la lumière sur les crimes de la dictature (1964-1985).

Juin 2012. Rio de Janeiro accueille Rio + 20, la conférence de l'ONU sur le développement durable, vingt ans après le sommet « Planète terre » (Rio 92).

Octobre 2012. Publication d'une loi imposant aux universités fédérales des quotas en faveur des étudiants issus de l'école publique, des communautés noires et indigènes et des foyers modestes.

Avril 2013. Les employés domestiques bénéficient enfin, comme les autres professions, des règles du droit du travail.

Juin 2013. Provoquées à l'origine par un refus de voir les tarifs des transports publics augmenter, de gigantesques manifestations contre la vie chère et les violences policières secouent le Brésil, les plus importantes depuis les *Diretas já* !

Juillet 2013. Trois millions de personnes se retrouvent sur la plage de Copacabana autour du pape François pour les Journées mondiales de la jeunesse (JMJ).

Bibliographie

Jorge AMADO, *Bahia de tous les saints*, Gallimard, Paris, 1981.

L'un des nombreux romans du grand romancier brésilien, comme toujours dans le cadre de sa région, Bahia.

Roger BASTIDE, *Le Candomblé de Bahia (rite Nagô). Transe et possession du rite du candomblé*, Plon, Paris, 2000 (nouv. éd. Pocket, 2001).

Un classique sur la plus connue des religions afro-brésilienne, qui n'a pas pris une ride depuis sa première publication en 1958.

Bartolomé BENNASSAR et Richard MARIN, *Histoire du Brésil, 1500-2000*, Fayard, Paris, 2000.

Un ouvrage très complet et agréable à lire sur les cinq cents premières années de l'histoire du Brésil.

Sergio BUARQUE DE HOLANDA, *Racines du Brésil* (trad. du portugais par Marlyse Meyer), Gallimard, Paris, 1998.

Des clés pour comprendre la genèse de la société brésilienne. Un ouvrage toutefois très marqué par son époque – la première publication remonte à 1936.

Olivier DABÈNE, *Exclusion et politique à São Paulo. Les outsiders de la démocratie au Brésil*, Karthala/IEP d'Aix-en-Provence, Paris/Aix-en-Provence, 2006.

Une plongée dans le monstre urbain qu'est la métropole pauliste, symbole de l'inégalité et de la créativité politique.

Jean-Paul DELFINO, *Corcovado*, Métailié, Paris, 2005 (nouv. éd. « Points Seuil », 2006).

Le premier volume d'une trilogie carioca, écrite par un Marseillais tombé amoureux du Brésil.

Martine DROULERS, *Brésil : une géohistoire*, PUF, Paris, 2001.

Une façon passionnante de découvrir le pays, en croisant épisodes historiques et diverslté des territoires.

Rubem FONSECA, *Un été brésilien* (trad. du portugais par Philippe Billé), Grasset, Paris, 1993.

Un épisode fondamental de l'histoire récente brésilienne (la mort de Getúlio Vargas) sous forme de roman policier.

Gilberto FREYRE, *Maîtres et esclaves. La formation de la société brésilienne*, Gallimard, Paris, 1978.

Livre des années 1930, fondamental pour comprendre le mythe du métissage né des mœurs sexuelles, des superstitions, et de la culture brésilienne. L'ouvrage a beaucoup contribué à répandre l'idée d'un pays dépourvu de racisme.

Celso FURTADO, *La Formation économique du Brésil. De l'époque coloniale aux temps modernes* (trad. du portugais par Janine Peffau), Publisud, Paris, 1998 (2e éd.).

L'économiste brésilien, disparu en 2004, a profondément marqué la pensée économique au Brésil, mais aussi dans toute l'Amérique latine.

Jean DE LÉRY, *Histoire d'un voyage faict en terre du Brésil*, LGF, « Bibliothèque classique », Paris, 1994.

Bien qu'écrit dans le français de l'époque, ce récit de voyage, effectué cinquante ans après la découverte du Brésil, est remarquable.

Claude LÉVI-STRAUSS, *Tristes Tropiques*, Pocket, Paris, 2001.

À partir des récits de ses rencontres avec les Indiens du Brésil, Claude Lévi-Strauss présente une immense méditation sur l'avenir de l'humanité, dans un style élégant et personnel. L'un des premiers ouvrages d'ethnologie à avoir touché le grand public.

Candido MENDES, *Lula. Une gauche qui s'éveille*, Descartes & Cie, Paris, 2004.

Ce petit livre d'un grand intellectuel proche du Parti des travailleurs donne la mesure du choc qu'a constitué l'élection de Lula en 2002.

Joseph A. PAGE, *The Brazilians*, Addison Wesley, New York, 1996.

À l'issue de trente ans de voyages au Brésil, l'auteur offre ce guide culturel du pays, tentant de faire le portrait de cette nation complexe. Disponible en anglais, mais de lecture très facile.

Denise Paraná, *Lula. L'enfant du Brésil* (trad. du brésilien par Régine Ferrandis), François Bourrin Éditeur, Paris, 2010.

La meilleure biographie écrite sur Lula, avec lequel l'auteur s'est longuement entretenue.

Alain Rouquié, *Le Brésil au XXIe siècle. Naissance d'un nouveau grand*, Fayard, Paris, 2006.

Tout comme sa fameuse *Introduction à l'Extrême-Occident* pour l'Amérique latine, cet ouvrage est à mettre en toutes les mains, toujours précis et remarquablement écrit.

Jean-Christophe Rufin, *Rouge Brésil*, Gallimard, Paris, 2003.

Récit de la tentative de conquête du Brésil par les Français, qui a valu à son auteur de recevoir le prix Goncourt en 2001.

Giancarlo Summa, *Le Rôle politique de la presse au Brésil. De l'élection à la réélection de Lula*, IHEAL/La Documentation française, Paris, 2009.

Cet ouvrage montre comment les élites utilisent la presse pour consolider leur mainmise sur les ressources du pays et s'opposer au redressement des inégalités. L'élection de Lula a commencé à changer la donne.

Hervé Théry, *Le Brésil*, Armand Colin, Paris, 2005.

Livre de géographe, qui va bien au-delà de l'usage universitaire tant son écriture est agréable et intelligente.

Hervé Théry et Neli Aparecida de Melo, *Atlas du Brésil*, La Documentation française/CNRS/GDR Libergéo /RECLUS, Paris/Montpellier, 2004.

Pour les amoureux des cartes, un livre incontournable pour appréhender l'immensité du pays, ses richesses et ses problèmes.

Viviane Tronel et Benjamin Soligny, *Brésil. La Cuisine de ma mère*, Minerva, Paris, 2005.

Un livre de cuisine à ranger parmi les beaux livres, qui a le mérite de nous plonger dans la gastronomie brésilienne en l'adaptant aux ingrédients européens.

Dominique Vidal, *Les Bonnes de Rio. Emploi domestique et société démocratique au Brésil*, Presses universitaires du Septentrion, Villeneuve-d'Ascq, 2007.

Ouvrage universitaire très intéressant sur les relations complexes entre employeur et domestique, et l'héritage de l'esclavage.

Stefan Zweig, *Le Brésil, terre d'avenir* (trad. de l'allemand par Jean Longeville), Éditions de l'Aube, La Tour-d'Aigues, 2005 (nouv. éd.).

Fuyant l'Europe déchirée par la guerre, l'écrivain autrichien fasciné par le Brésil nous laisse des pages pleines d'espoir sur ce qu'il pressent comme un grand pays. Il décidera de s'y suicider avec sa femme en 1942.

Liens Internet

www.autresbresils.net

Source d'articles intéressants sur l'actualité brésilienne, au ton ouvertement progressiste.

www.brazilmax.com

Le meilleur site anglophone pour préparer un voyage au Brésil. Mêle éléments historiques, astuces et conseils, région par région.

confins.revues.org

Revue franco-brésilienne de géographie. Les articles, scientifiques mais accessibles, permettent d'aborder le Brésil par sa première caractéristique, la géographie de l'immensité.

www.librairie-portugaise.com/mlp/ind_aut.htm

Un guide des auteurs lusophones par la librairie portugaise de Paris, qui signale les titres traduits en français.

www.thebml.com

Tout sur la musique brésilienne.

Index

Mis en page par Ici & ailleurs
à La Roque-d'Anthéron
Cet ouvrage a été achevé d'imprimer
en mars 2014
sur les presses de l'imprimerie
Laballery à Clamecy.
Dépôt légal : avril 2014 - N° 403176

Imprimé en France